★このまんがは、架空の都市、架空の消防本部を舞台としており、登場する予防課員はすべて日勤という設定になっています。

山田係長

Ｆ市消防局羽加多消防署の予防係長。査察担当は長く、消防用設備等や法令解釈などの幅広い知識を持ち、県外の消防職員からも頼りにされている。違反は絶対に許さない、違反があれば違反処理も辞さない熱い心を持つ。

秋山主任

Ｆ市消防局一の独身イケメン主任。甘いマスクと確かな技術で査察指導を日々着実にこなしている。新人消防士阿部の教育担当でもあり、やる気のある阿部の成長を日々感じている。

阿部消防士

本編の主人公。消防学校時代から市民との接点が深い査察担当を希望していた。念願かなって査察担当に。消防法の解釈や実務の勉強に奮闘している。頼りになる上司、先輩に囲まれ、市民の役に立つべく一人前の査察員を目指している。

はしがき

今、消防の現場は、社会情勢と比例して、大量退職時代を迎えています。

多数の退職者があり職員の入れ替わりがあるということは、人事異動も比較的短い間隔で行われ、職員としてはリフレッシュできる反面で、腰を据えて仕事ができないという一面があるのではないでしょうか。

予防査察を適正に実施するためには、消防法令に基づく規制等を査察員自身が十分に理解し、それに伴う豊富な知識が必要になりますが、たびたび行われる配置換えなどにより、なかなかじっくりと火災予防の勉強ができないのが現状です。

特に若手職員は、毎年多くの後輩が入局してくることから、職務全般において、自らのスキルが満足できるレベルに達する前に後輩を指導しなければならない立場になるなど、職務を取り巻く環境は厳しいものがあります。

また、予防査察については、当然ながら防火対象物の関係者に対する防火安全指導が中心になるので、消防法令に関する知識だけでなく、適切な接遇や対外交渉能力なども求められるため、それなりの経験が必要であり、一朝一夕に査察員としての技術、能力が向上するものではありません。

このようなことから、予防査察に対して、苦手意識を持っている消防職員も数多くおられるのではないでしょうか。

消防という職務を選択した多くの職員は、消防隊員や救急隊員として、住民の命を救いたいという崇高な使命感を持って入局してこられるわけですが、現場活動だけが消防の職務ではありません。これまでの火災事例を教訓とした消防法令等の規制に基づく予防査察は、市民生活に直結した重要な職務であり、火災による被災者を出さないという消防目的の原点ともいえるのです。

この本では、火災予防に関する知識だけでなく、予防査察や違反処理の実体験に基づき、さまざまな場面別に解説を行い、消防職を拝命して間もない若手職員や予防査察が不得手な職員の皆さんにも分かりやすい内容にすることを心がけました。

予防査察を実施するにあたり、参考にしていただき、違反是正の推進に貢献できればと思います。

立入検査研究会

平成二三年四月

流れでわかる！　査察STORY

目　次

第2章 事前研究のススメ

第3章 査察本番！

第4章　査察が終わったら

Ⅱ　違反是正

第1章　違反処理の現状

第2章　違反処理の実務

第3章　消防法第5条の3にチャレンジ

Ⅰ　査察

第 1 章　査察ってなに？

1 「査察」ってなんだろう?

ここはF市消防局羽加多署
中規模の繁華街もあり管内で最も賑わっている地域だ
家族の安心のために、住宅用火災警報器を設置しまし
私は消防学校を去年出たばかりこの署の予防課に配属されて数か月
でも実際は…
来月から秋山主任に同行して予防査察に行くように山田係長から命令されたけど
予防査察っていったいなんだろう?
う～
これまでは広報を担当していたけど憧れていた査察担当バリバリがんばるぞ!
消防法のどこに載っているのかな?
あ～どこにも載っていない!どうして?

1 「査察」ってなんだろう？

❶立入検査：関係のある場所に立ち入って、質問、検査を行うこと（消防法第４条・16条の５・34条）

❷査察：立入検査を実施して、必要な防火安全指導を行い、当該防火対象物を適法、かつ、防火上安全な状態にすること

「査察」という言葉は、消防組織法第４条第２項第３号において、「防火査察、防火管理その他火災予防の制度の企画及び立案に関する事項」という条文内に出てきますが、消防法では特に明記されていません。

それでは、「我々消防機関は、何を根拠に査察を実施しているか」と考えてみると、一般的には、消防吏員が実施する防火対象物や危険物施設に対する査察については、消防法第４条及び第16条の５に基づく「立入検査」を根拠に実施されていることになります。

そうなれば、査察も立入検査と同義であるようにとらえがちですが、立入検査の根拠条文である消防法第４条は「立入検査を実施し、検査し、質問させることができる」という構成になっており、立入検査で発見した法令違反等に対して直接的に「指導できる」という規定はありません。

我々が通常実施している立入検査では、防火対象物に立ち入って検査等を行い必要な改善指導を行っていますが、これらのことを総称して「査察」という定義がなされているわけです。

したがって、原則として火災予防に関する査察は、立入検査を実施するにとどまらず関係者に対して必要な防火安全指導を行い、また法令違反が存する場合は、口頭や文書で改善指示を行い、査察員が実施した防火対象物が適法、かつ、安全な状態となって初めて終了するということになるのです。

② 立入検査は誰がするの?

2　立入検査は誰がするの？

❶立入検査権は、直接的に消防職員に与えられていない。
❷消防長、消防署長の下命が必要

査察を実施するということは、査察員が防火対象物に立ち入って必要な防火安全指導を行うことになるわけですから、ある意味では公権力の行使ということとなります。

そうなると、それは法令に基づくものであることが条件となるので、各査察員は消防法第４条を十分に理解したうえで査察を実施しなければなりません。

消防法第４条第１項

消防長又は消防署長は、火災予防のために必要があるときは、関係者に対して資料の提出を命じ、若しくは報告を求め、又は**当該消防職員に**あらゆる仕事場、工場若しくは公衆の出入する場所その他の関係のある場所に**立ち入って、**消防対象物の位置、構造、設備及び管理の状況を**検査させ、**若しくは関係のある者に**質問させることができる。**ただし、個人の住居は、関係者の承諾を得た場合又は火災発生のおそれが著しく大であるため、特に緊急の必要がある場合でなければ、立ち入らせてはならない。（括弧書き等一部省略）

立入検査の主体等について

(1)　権限を有する者

立入検査を行わせることができる者は、消防長、消防署長（消防本部を置かない市町村においては市町村長）になります。

(2)　主体（執行者）

法令上は、直接的に消防職員に立入検査権を与えておらず､立入検査を行う（行わせる）ことができる者は、消防長、消防署長（消防本部を置かない市町村においては市町村長）になっています。

しかし、実際に立入検査を行う者は、消防職員（消防本部を置かない市町村においては、当該市町村の消防事務に従事する職員又は常勤の消防団員）となっているので、消防吏員のみならず、技術職員及び事務職員も含まれることとなります。

ただし、消防職員全員が立入検査を実施することができるかどうかは、各消防本部において、予防査察に関する規程等により、「査察員」を指定している場合があるので、一度確認してみましょう。

技術職員や事務職員は、形式上は下命があれば立入検査ができることになりますが、消防法第3条及び5条の3に基づく命令は、消防吏員のみに与えられた権限になるため、技術職員や事務職員は行使できません。

立入検査は消防職員に直接的に付与されているものではなく、消防長、消防署長の下命によることが必要になりますが、この下命は必ずしも個別的あるいは具体的に行われる必要はないとされています。

3 立入検査をして何ができる？

…はい、はい、
図面の提出を拒否されるのですね
ガチャッ
ふー…
係長、自動火災報知設備未設置で違反しているＳＫハウスの関係者が対象物の図面の提出を拒否してきました
分かった違反処理に移行するために、図面は必要な資料のひとつだ
署長と課長に相談して署長名で資料提出命令を発出するよう検討しよう

3　立入検査をして何ができる？

●消防職員は、検査し、質問することができる

(1)　立入検査

消防法上は、「消防対象物の位置、構造、設備及び管理の状況を検査させ」となっていますが、端的に言うと、消防法令で規制しているあらゆる項目をチェックすることができるということになります。

(2)　質問

消防法第４条に規定してある、消防職員の質問権については、一種の事実行為であるため法的な効果もなく、強制力もありません。したがって、消防職員が、火災予防上必要があるということから質問をしたとしても、関係者は必ず答弁しなければならないということにはなりません。また、答弁を拒否したからといって、それを強要することもできず、当然にして罰則の適用も受けません。

したがって、立入検査やその後の電話等で、関係者の情報を口頭で質問し「個人情報なので答えられない」と答弁された場合は、もはや強制的に聞き出すことは不可能です。

この場合の対抗手段は、次の(3)、(4)になります。

●消防署長は、資料の提出や報告を求めることができる

(3)　資料提出命令

関係者に対して、任意に質問や資料提供を要求したが拒否された場合等は、その後の措置として、消防長、消防署長が資料提出命令を行うことができることとなっています。

これらは、火災予防上の実態を具体的に把握するための権限の一つとして付与されたものであり、立入検査権や質問権を補完し、あるいは代替する機能も有しています。

資料提出命令を行うことができる要件としては、「**火災予防上必要と認めるとき**」となっており、具体的な火災危険や法令違反などの条件はありません。

資料の提出は、原則として現存するものを提出させるということであり、求めることができる具体例として、**消防法令上の各種届出書類、建物の図面等及び建物の賃貸借契約書等**が挙げられます。

また、資料提出命令で入手した資料については、関係者が所有権を放棄しない限り（返さなくても結構ですと言われない限り）、消防長、消防署長は、調査後に遅滞なく関係者に返還しなければならないとされています。

⑷　**報告徴収**

資料の提出は、原則として現存するものに限定されていますが、報告徴収は、火災予防に必要がある場合、全ての事項が対象となり、その意味では幅が広くなっています。求めることができる具体例としては、関係者の職・氏名、違反事項の改善計画及び違反是正が遅延している理由等が挙げられます。

また、広義にとらえると消防用設備等の点検報告や防火対象物定期点検の報告を求めることも可能です。

なお、報告徴収を求めた報告文書については、その所有権は消防機関が保有することとなるため、関係者に返還する必要はないとされています。

資料提出及び報告徴収については、条文から明らかなように、その権限は消防長、消防署長に付与されているものであり、書面をもってその指示がなされるのが原則となります。

④ 立入検査はいつでもできる？

4　立入検査はいつでもできる？

●法令上は、いつでも可能……以前は時間的制限があった

平成14年の消防法改正前は、立入検査は、①営業時間（公開時間）内、②日の出から日没の間に行うという時間的な制限がありました。

しかしながら、夜間営業の風俗店等は、日没後に営業するケースも散見されるなどから、消防法改正により時間的制限が撤廃されました。

また、併せて証票提示の部分の改正も行われました。これまでは、立入検査に際しては、防火対象物の関係者に対して、市町村が定める証票（いわゆる立入検査証）の提示の義務付けがありましたが、改正後は、関係のある者から請求があった場合に改められています。

関係者と関係のある者との違いは、関係者とは消防法第2条で定義してある「防火対象物又は消防対象物の所有者、管理者又は占有者」であり、関係のある者とは当該防火対象物に関係ある者の総称であり、具体的には、家族、従業員又は社員等も含まれます。

⑤ 立入検査を拒否されたら

5　立入検査を拒否されたら

ごくまれに、立入検査を拒まれる場合があります。

消防の行う立入検査については、講学上「行政調査」に位置付けられ、拒否されれば、それを排除してまで強制的に行うことはできません。

一方で、犯罪捜査等では「令状主義」が採用されているにもかかわらず、消防の立入検査ではその要求はありません。

これは、消防の行う立入検査が、より公共性があり重要であることの裏付けであり、したがって、これを拒んだ場合の罰則は、社会一般に照らし合わせても、とても重いものになっています（30万円以下の罰金）。

立入検査を拒んだだけで、それは犯罪の構成要件に値するという重大なものであるということを消防機関はもちろん、拒んだ関係者にも十分認識させる必要があります。

しかしながら、これだけ公共性があり重要な立入検査というものを消防機関が単なる行政サービスといった考えで拒まれたらあっさり引き下がるというような対応をすることは許されませんし、立入検査を受ける側も個人の住居を除けば、当事者以外の出入りがあり火災が発生したならば、他人に危険を及ぼす可能性があることから、当然ながら受忍義務があります。

したがって、消防機関は立入検査権を与えられている以上「**火災予防のためにその防火対象物に立ち入って検査しなければ、社会公共の安全が確保できない。**」といった強い意思を持たなければならず、拒まれれば何度もアプローチする必要があるのです。

仮に相手が拒み続ければ、もはや事態が好転する可能性はないので、証拠資料を取りまとめ、告発するということになります。

告発までの具体的な作業として次のようなものが挙げられます。

①　事前通告を電話で行う場合は、更に数回電話をし、その都度「いつ、誰に、どのように」

通告したか記録をとっておく。

②　その後も拒否が続けば「立入検査実施通知書」（様式自由）などにより、文書で立入検査時間を明示し配達証明郵便で送達する。当日出てこなければ、この作業を数回続け、全て記録として保存しておく。

③　立入検査の履歴があり、その防火対象物の消防法令違反状況が把握されていれば、何らかの違反が存している可能性があることから、その違反事実をより確定的にするために、消防法第４条に基づき「報告徴収書」や「資料提出命令書」を送達する。なお、報告徴収は「なぜ、立入検査を拒むのか、その理由を明らかにすること」などの内容にすることも考慮する。

④　前記作業と並行して、告発機関である地方検察庁又は管轄警察署に情報提供等を実施しておく。

我々消防機関が査察を行う真の目的は、告発して相手を罰することではなく、立入検査をして火災を未然に防ぐことですから、これらの作業の途中で、相手方が受け入れるようになれば、遅滞なく立入検査を実施します。

正当な理由がなく、かたくなに立入検査を拒む場合は告発することになります。告発が受理されれば捜査機関が捜査に入りますが、悪質な場合などでは、過去にも判例がありますが、その後は司法判断に委ねられ、裁判で争うことになり、消防法上立入検査権が与えられていることから、原告（消防機関）勝訴の可能性は高く、結果的に立入検査を認めることになると考えられます。

⑥ 立入検査の最終目的はなんだろう？なぜ立入検査を実施するのだろう？

みんな大変そうだなぁ
立入検査ってやっぱり難しそう…だけど
予防査察は火災予防のために消防職員が対象物に出向いて
必要な防火安全指導を行うことというのはわかったわ
でもそもそも消防法令はビルなどの関係者が守るべきルールなのに
テナント募集
責任者
なぜ私たち消防が予防査察を実施するのかな?

6　立入検査の最終目的はなんだろう？なぜ立入検査を実施するのだろう？

❶査察を実施した対象物がハード面、ソフト面ともに適法で安全な状態を確保できるようにすること
❷最終目的は、火災予防を推進し、火災発生の際の被害を最小限とすること

消防法令では、建物の安全性を担保するために一定の収容人員が存在する場合は、防火管理者の選任を義務付けたり、一定の面積以上の建物には消防用設備等の設置を義務付けたりしています。

そもそも消防法令では、このような作為義務やあるいは不作為義務（何々をしてはならない等）を防火対象物の関係者に課しているわけですから、我々消防機関が、査察を「実施する・しない」にかかわらず、消防法令を遵守しておかなければなりません。

また、消防法第４条では「立入検査を実施することができる」となっており、極論すると消防機関は査察を実施しなくても、有事の際の災害活動等を通じて最低限の行政責任を果たしていることになるのかもしれません。

それでは、なぜ我々消防機関が査察を実施しなければならないのかについて考えてみたいと思います。

⑴　防災のプロとして、火災の危険性、恐ろしさを伝える責務がある

建物が存在し、その中に収容物がある限り、火災発生の危険があります。また、その建物に人が居住していたり、出入りしていれば、当然ながら火災に伴う人命危険も存在します。

社会一般の方々は、我々消防職員とは異なり、火災の現場を実際に体験している人はごくまれであって、防火対象物の関係者などは、自己の事業所等で火災が発生したときの状況をイメージすることがとても難しいものです。

また、法令を遵守している事業所においても、火災発生の可能性があるわけですから、

我々査察員は、消防法令の不備欠陥事項の改善指示にとどまらず、自己の持つ火災の実体験を踏まえて、火災の危険性、恐ろしさなどを関係者に伝え、必要な防火安全指導を行う必要があるのです。

(2) 消防法令を社会一般に浸透させる責務がある

消防法令では、防火対象物の安全性を担保するために、規模、構造、用途などに応じて一定の条件に至った場合に、消防設備等の設置などを義務付けています。これらの規制については、例えば、「人を殺傷してはならない」や「人の物を盗んではならない」など、道徳上誰もが分かりきったルールではなく、加えて、その規制が複雑多岐にわたっているため、防火対象物の関係者は、自己の事業所における消防法令上の義務について、ほぼ無知識であるというのが現状です。

したがって、査察員が査察時に法令違反を発見した場合、まずは、違法性の認識を植え付けるために、関係者に消防法令の規制を説明したうえで、当該違反の是正を促していかなければなりません。一つひとつの査察を通じて、社会一般に消防法を浸透させていく必要があるのです。

(3) 何よりも利用者のために

社会一般の方々は、買い物でデパートに行ったり、出張でホテルに泊まるときなどに、その建物自体が、「消防法令に違反しているのではないだろうか?」と考えるでしょうか?

「ここは何か危険だなぁ」などの疑念を抱くのは、我々消防職員がプライベートで利用するときぐらいではないでしょうか。

通常、社会一般の方々は「利用する施設に消防法令違反がある」などとは考えもしないし、むしろ、「消防法令違反があれば営業ができるはずがない」という認識でおられるのではないでしょうか。

加えて、我々消防職員は防災のプロですから、勤務の内外を問わず利用する建物の違法性やそれに伴う危険性を察知することができますが、社会一般の方々は察知する知識もないのです。

　そうなると、やはり社会生活の安全確保のために、査察は必要不可欠になるのです。

⑦ 査察員が守らなければならないことは

予防査察を
なぜ実施するのか
君なりに理解できた
みたいだね
はい
少し自信が
つきました
張り切っている
みたいだね
でも査察員として
「絶対守らなければ
ならないこと」が
あることは
理解できているかな？
えっ
火災予防のためなら
事前通告もいらないし
時間的制限も
ないのでは？
消防法第4条を
もう一度
よく読んでみなさい
トントン

7　査察員が守らなければならないことは

❶証票の携帯
❷業務をみだりに妨害しない
❸守秘義務

立入検査については、正当な理由がなければ拒むことはできません。「正当な理由」には、立入検査の際に証票の提示を求められたが、査察員が携帯しておらず、提示できなかった場合も考えられます。ただし、証票を携帯していなかったからといって、当該立入検査が無効になるということではありません。

業務をみだりに妨害することも認められていませんが、「みだりに」とは「正当な理由なくして」又は「不必要に」と解され、火災予防に関連性がない立入り、検査及び質問は許されないというものです。

また、守秘義務についても、消防法で厳格に遵守するよう規定されています。消防職員は地方公務員法においても守秘義務が課せられていますが、立入検査に際しては、査察員の意思に関わりなく、通常では想定できないプライベートな部分を見聞きする場合もあるため、特に明文化し、厳格な対応が求められています。

第2章　事前研究のススメ

❶ 査察の目的・主旨を自分なりに理解すること
❷ 会話のテクニックを磨く　❸ 会話を成功させる具体的アドバイス
❹ 査察（立入検査）の具体的会話例

会話だけなら少し自信はありますけど…どのようにすればよいのでしょうか？
まずは予防査察の主旨目的を自分なりに理解しておくことね
はい！
予防課
こんにちは何かありましたでしょうか？
この前こちらの職員がうちのビルに来てあれこれ指示して帰ったけど全く意味が分からなかったからもう一度説明してくれないかね
私がお話をお伺いしましょう

これでようやく分かりました
あなたの説明は分かりやすかった早急に改善しますよ
ありがとう
私も秋山主任のお話を聞いていて理解できました

消防署での対応もそうだけど
予防査察先で相手方にいかにうまく伝えるかが予防査察の成功のポイントになるんだよ
秋山主任 予防査察では相手方とのコミュニケーションを円滑に行わなければ
適切な指導もできないみたいですね
そうだね 予防査察では関係者に対する指導が中心になるので
相手に納得してもらわないといけないからね
私は知識もなく経験も未熟だからどうしたらよいのでしょうか？
予防査察を円滑に進めていくには火災予防に関する知識の修得はもちろん
日頃から自分自身で実際の予防査察をイメージして想定問答などを作っておくとよいね
想定問答メモ

1　査察の目的・主旨を自分なりに理解すること

全国各地の消防本部によって、査察業務の手法もまちまちであるとは思いますが、いわゆる予防要員に限らず、災害活動を本務とする警防要員の皆さんも査察業務を勤務日に小隊（グループ）で実施する、あるいは非番（非直）日に個人業務として実施するケースがあると思います。

慢性的な予防要員の不足により、各消防本部の予防要員よりもむしろ、警防要員の方が査察業務の主体となっている消防本部が多いのではないでしょうか。

この現状を踏まえ、査察業務が消防業務のひとつであるという認識を個々の職員が有しておくことがとても重要なことです。ややもすると「予防課のお手伝い」的な認識で、査察業務に取り組んでいるケースもあるようですが、これでは火災予防の目的が達成されるとは言いがたいと思います。

したがって、個々の査察員は、自己の行う査察の本来の目的を自分なりに十分理解したうえで実施しなければ、立入検査をこなすことのみが目的となり、是正指導の徹底を含めた査察業務そのものが適正に執行されないおそれがあるのです。

2　会話のテクニックを磨く

予防査察は、関係者に消防法の趣旨等を説明し、査察の結果、法令違反があればそのことを関係者と確認し合い、さらには、その後の措置について指示を与えるなど、会話がとても重要になります。また、法令違反の改善には関係者に対して費用負担を求める場合も多く、相手を納得させせなければなりません。

査察を成功させるためには、自分自身で査察の場面を想定して「このような場合にはこう答えよう」など、常日頃からトレーニングを行っておくことによって、よりスムーズに対応できます。例えば、次のような場合の対処について、皆さんも考えてみましょう。

①　防火対象物定期点検報告の未報告対象物の関係者に対して、報告義務について指導しようとしたら、査察時に関係者から「ちゃんと点検報告（実は消防用設備等の点検）は実施しているのになぜか？」という抗議めいたことを言われた場合

⬇防火対象物定期点検報告制度は、消防法改正（平成15年10月1日施行）に伴い、義務付けられた事項ですから、法改正の経緯や消防用設備等の点検との相違点について、自分なりに理解したうえで説明できるようにしなければなりません。

②　共同住宅の査察において、設置してある自動火災報知設備と消火器の消防用設備等点検報告について、一度も報告していないオーナーに対して説明する場合

⬇消防用設備は、設置するだけでなく維持することがとても重要なことを説明します。自動車の車検制度などを例に、維持管理の重要性を説明しましょう。

③　自動火災報知設備の遡及整備が必要になった防火対象物のオーナーに対し、消防法の改正と自動火災報知設備の設置指導をする場合

⬇この場合は、「何で今まで必要なかったものを、急に設置しなければならないのか？」という抗議めいた言葉が必ず返ってきます。自動火災報知設備が火災の際にいかに有効なものであるのかについて、また、新宿・歌舞伎町火災などを例示し、火災の恐ろしさについて、時間をかけて、しっかり説明しましょう。

我々査察員は、査察先の関係者から説明を求められた際は、より分かりやすく的確に説明できなければなりません。また、仮に指示・指導を拒まれたとしても、査察自体が査察員のために実施しているものではなく、住民の安全確保のために実施するわけですから「あっそうですか。それでは守っていただかなくても結構です」などと、あっさり引き下がるわけにはいかないのです。

査察を実施する対象物については、査察台帳などが存在しており、事前にその情報が必ず存在しています。重大な違反がある対象物へ出向いて違反処理を実行するときなどは、事前に「こう言われたら、このように切り返そう」と、自分なりに想定問答を作り、当日に備えるようにします。

3　会話を成功させる具体的アドバイス

より高度な会話術を会得するための基本事項として、次に挙げるようなことに留意することも必要でしょう。

(1)　ていねいな言葉遣いを心がける

関係者をリラックスさせるため、ときには方言を交えたりすることも効果的ですが、やはり、横柄で上から見下すような言葉遣いは慎むべきです。

長年にわたり違反を放置している対象物の関係者などに対しては、先入観から、つい強い口調になりがちですが、常に冷静に対処できるようにしましょう。

(2)　分かりやすい表現をする

消防の世界ではごく普通に使っている語句でも、社会一般の方々には分かりにくい場合が多々あります。用語には十分注意しましょう。

例　○○へーべー→○○平方メートル
じかほう・かほう→自動火災報知設備
エスピー→スプリンクラー設備
けんきほう→建築基準法

(3)　相手の話の腰を折らない

特に、違反対象物の関係者は、総じて饒舌な方が多いようです。予防査察とは無関係な話をされるときもありますが、横やりを入れると急に不機嫌になったりする場合もあるので注意しましょう。

また、話を聞くときは、相手からなるべく視線を外さないようにして、ときには相づちを打つことなどにも心がけましょう。

⑷ 早口や小さな声で話さないように心がける

自己の指導に自信がないときにありがちです。難しく、分かりにくい消防法令を説明するわけですから、そうならないようトレーニングしましょう。

⑸ 要点を簡潔明瞭に話す

話が長すぎて結論をなかなか言わないため相手に指導事項がうまく伝わらない場合もよくあるようです。さんざん話した後に「結局、どうすればよいのですか?」と切り返されないようにしましょう。

⑹ 必要以上にへりくだらない（謝らない）

消防法令違反の是正指導をしているのに、必要以上に「すみませんが」「申しわけありませんが」という言葉を多用していませんか?

あまりにも卑屈な態度で接すると、相手方は積極的に違反是正をしようという気にならないものです。

4　査察（立入検査）の具体的会話例

当たり前のことですが、査察は会話から始まります。そうなると、「相手方とのコミュニケーションをいかに円滑に行うか」ということが成功の鍵になります。

査察を受ける立場からすると「何かとんでもない要求（指導）をされるのではないか」、あるいは「この忙しいときに面倒くさい」など、スタートの時点ではあまりよい印象を持っていない場合も多いと思います。（確かに、消防の査察では間違っても景品をもらえたりすることはありませんから…）

どちらかというと、査察を受けたくない関係者からの質問とその回答例を考えてみました。

①　立入検査って言われたけど、いったいそ

れは何ですか？

➡立入検査とは、消防法に基づき実施するもので、我々消防職員が、火災予防のために関係のある場所に立ち入り、消防対象物（建物）の位置、構造、設備又は管理の状況について、消防法令に適合しているかどうか、あるいは火災予防上の不備欠陥事項がないかどうかを確認し、必要な防火安全指導を行うことです。

② **立入検査は何のために行うのですか？**

➡こちらの建物の立入検査を行うことにより、火災予防に係る消防法令の遵守状況や建物の実態を把握し、必要に応じて防火安全指導をするために行います。

③ **断ったらどうなるのですか？**

➡こちらの建物の安全性向上のために実施するわけですから、ご協力をお願いします。断られるケースは、非常にまれですが（今まで断られたケースは一度もありませんが）、ご参考までに正当な理由が無く拒否されると、消防法上では罰則（30万円以下罰金・拘留）が適用されることもあります。

④ **なんでうちだけに来るのか？**

➡○○さんの（所有・管理する）建物だけにお邪魔しているわけではありません。

消防署では、個人の住居を除いて、管轄内にある対象物に対して定期的に立入検査を実施しています。

⑤ **今、忙しいからまた今度にしてくれないか？**

➡立入検査については、火災予防のために消防に与えられた権限を行使するということになります。

お忙しいでしょうが、○○さんの（所有・管理する）建物の安全性向上のために行うものであり、今回お伺いできなくても、必ず実施することになりますので、ご協力をお願いします。

⑥　立入検査は同意するが、勝手に見てくれないか？

➡立入検査については、建物の状況を把握するという目的もありますが、我々消防職員が建物に出向き日頃の維持管理状況や使用状態をお聞きして、関係者に直接防火安全指導を行うことがより効果的ですので、立会いについて是非ご協力をお願いします。

⑦　消防の指導に従わなかったらどうなるのか？

➡一般的な例ですが、我々が立入検査を実施してその建物に法令違反が存する場合は、関係者の自発的意志により改善していただくように文書等を通じて指導します。

　指導を継続してもなお従わない場合は、行政処分（命令）によって、行政の権限で強制的に義務の履行を求めることになります。それでも従わない場合、最終的には告発し、関係者が処罰される場合があります。

5 社会人としてのマナー

秋山主任、ほかにも気をつけることはあるのでしょうか？
そうだね我々査察員は「立入検査権」を与えられているからといって
それが当たり前のような態度で関係者と接したりすることは許されないだろう
やはり「社会人としてのマナー」は兼ね備えてないと相手方から信頼してもらえないだろうね
はい

5　社会人としてのマナー

❶査察は、指導が中心！　マナーが不適切であれば、関係者との信頼関係が崩れてしまう

❷マナーが悪いと消防全体へのイメージダウンにつながる

　査察員の業務は元来、関係者との信頼関係から成り立つものであり、指示・指導する側の査察員に服装の乱れなどがあれば、関係者は第一印象から不信感を抱き、査察員がどんなに正論を述べても納得していただけない場合もあります。

　消防職員は制服職員ですから、査察業務を行う場合は、通常は制服を着用しています。しかし、この制服は、社会一般の方々から見るとなじみが薄く、胸にキラっと光る階級章や制帽などの効果もあり、相手方に信頼感を与える一方で威圧感も与えます。

　また、どの職員も同じものを着用していることから、規律あるという印象を与える一方で、服装や頭髪の乱れなどがとても目立ちますので注意しましょう。

　常に謙虚な態度で接し、ていねいな言葉遣いを心がけましょう。

⑥ 名刺交換にもルールがある

6　名刺交換にもルールがある

❶目下、来客側から行うのが基本なので、立入検査のときは、必ず査察員側から行うこと
❷「ちょうだいいたします。」と発すること
❸名前を必ず読むこと。分からなければその場で聞く

予防査察も一つの対外交渉であり、関係者との接触は自己紹介から始まります。

ビジネスマンの自己紹介は、当然、名刺交換から始まるわけですが、査察員も名刺を常に持っていることが求められます。また、名刺交換時のマナーにも気を遣わなければなりません。

消防職員の場合、現場活動を本務とする場合が多く、社会一般と比較すると、名刺を持ち歩く習慣が意外と少ないような気がします。

しかし、予防査察は対外交渉であり、ある意味では関係者との勝負（試合）とも考えられます。自己紹介の際に名刺を持っていなければ、まず間違いなく「すみません」という言葉を発してしまい、緒戦の段階で、既に相手に主導権を握られてしまうのではないでしょうか。

したがって、名刺を必ず持ち歩くことはもちろん、名刺交換時のマナー習得は必要不可欠であるのです。高価なものは必要ありませんが、専用の名刺入れを購入するなどして適切なマナーを身に付けましょう。

(1)　名刺の保管

購入時のプラスチックのケースに入れたまま机の引き出しに保管している方がおられますが、名刺交換は自己の執務場所以外で行う場合が圧倒的に多いので、名刺は常に専用の名刺入れに入れておきます。

また、名刺入れではなく財布や定期入れに入れている場合もありますが、特に札入れなどは通常は腰のポケットに入れる場合が多く、名刺が折れ曲がったりゆがんだりする場合があります。

ビジネスマン（査察員）にとって名刺は「顔」であることを常に認識し、相手のものは言うまでもありませんが、自己の名刺も大切に取り扱いましょう。

⑵　**名刺の渡し方**

名刺交換は、必ず立ち上がって行います。また、一般的には目下の者若しくは面会を求めた側が先に名刺を差し出すのが基本ですから、予防査察に出向いた際は、必ずこちらから差し出すように心がけましょう。

また、相手が読めるように相手側の向きにして差し出し、右手で持って左手は軽く添えるようにして「○○消防署の○○と申します」と自己の所属名や氏名を名のりながら渡します。（階級や役職名は省略します。）

⑶　**名刺の受け取り方**

名刺を受け取るときは、まず左手で受けて右手を軽く添えるようにします。その際に「ちょうだいいたします」とお礼を述べて一礼します。また、相手から受けた名刺はその場で黙読し、社名や氏名などの読み方が分からないときは、その場で確認するようにします。

⑷　**互いに名刺入れを持っている場合**

会議先で初対面の方と名刺交換する場合などで、互いに名刺入れを持ち上下関係が不明なときなどは、同時に行う場合があります。

その際は右手で名刺を渡し、左手は名刺入れを持って相手方の名刺を載せてもらうようにします。

⑸　**名刺交換後のマナー**

名刺交換後テーブルで打ち合わせなどを行う場合がありますが、その際は机上に受け取った名刺を置いて会話を進めます。（相手がひとりの場合は、相手の名刺を自己の名刺入れの上に載せるなどの配慮も必要です。）

打ち合わせの終了時には、タイミングを見計らい名刺入れにしまいます。くれぐれもポケットやカバンなどに直接しまわないようにしましょう。

⑦ 事前通告（電話のかけ方）

う〜…係長からああは言われたものの…
査察なんてくるな！
事前通告かあ　立入検査日と時間は必ず伝えないとダメだし　後はなんといえばいいのかな
断られたらどうすればいいの？
どうしたの？　電話をにらんでたけど
あ、杉内先輩

実は事前通告の電話をしなければならないんですけど
どのように電話すればいいのかよく分からなくて…
仮に阿部がビルの関係者で「消防が立入検査に来ます」といわれたらどう感じるかな?
何かちょっと怖い感じがしますね…
事前通告は予防査察の第1段階だよ
連絡する前にメモなどを机上に準備してから確実に行うといいよ
ありがとうございます

ます。

7　事前通告（電話のかけ方）

●来意の目的をはっきり伝えること。

ご存じのとおり、平成14年の消防法改正により、消防法に基づく立入検査を実施する際の事前通告は不要とはされています。しかし実務のうえでは、いきなり査察対象物に乗り込み立入検査を行うケースは、例えば物件の除去命令を発出すべきような情報を得た場合や、雑居ビル等の特定の施設に限られているのが現状であり、一般的には、事前通告を行った後に遅滞なく立入検査を実施している場合が多いと思います。

事前通告は、査察員と査察対象物の関係者とのコミュニケーションの始まりであり、この作業は査察を成功させるための重要なポイントになります。

事前通告の際に来意を正確・適切に伝えないと「そんなことは、電話で聞いていなかった」など、当日出向いたときにトラブルとなる可能性もあり

★事前通告７箇条

❶ 電話連絡は、３～７日前までに行うのが望ましい

社会人のマナーとして、当日いきなり訪問するということは避けるべきでしょう。（当然、違反対象物等への無通告査察の場合は別ですが……）

また、10日以上前などに通告したならば、関係者（立会者）が忘れてしまう場合もあります。したがって、そのような場合は前日（あるいは当日）に必ず確認の電話をするようにしましょう。

❷ 通告の相手は、防火管理者等、それなりの役職者に行うこと

通告の相手が、受付の職員やアルバイト職員だと、責任者に来意が正確に伝わらないおそれがあります。

また、通告の際にある程度の趣旨説明を行うわけですから、通告した人に当日立ち会っていただいた方がより効果的です。そうなれば、最初から管理権原者や防火管理者等に事前通告しておいた方がよいということです。

3

コールバックがあることを想定し、名前はもちろん、必ずこちらの連絡先を伝えること

相手方の都合により、突発的に立入検査を実施できなくなる場合もあるので、必ず自分の名前・連絡先を伝えておく必要があります。

大きな消防本部などでは管轄署でも多くの出張所が存在すると思いますが、相手方が不都合を理由に「そちらの職員が査察で来るって言われたけど、都合が悪いのですが」と本署に電話してくる場合もあります。その際に事前通告者の名前も分からないようでは、そのことを査察員本人に伝えることもできません。

4

消防法に基づく立入検査（査察）であることを、はっきり言うこと

「自分の行う査察に自信がない」あるいは、「査察そのものが面倒くさい」という心理状態にある場合、「消防の調査」や「消防の点検」など曖昧な表現を用いがちです。

査察の真の目的は、調査や点検ではありません。しっかりと消防法に基づく立入検査（査察）である旨を伝えないと、査察当日、相手方から「調査で来るって言ったのに、なぜあれこれ指示するのか？」と言われかねません。

　また、「時間はとらせませんから、ちょっと見せてください」など、低姿勢に出たりしていれば、当日に適切な防火安全指導ができるはずはありません。

5 立会いなしの立入検査は極力避けること

　「忙しいから立ち会えない」と言われたからといって、すぐ引き下がってはいけません。

　防災のプロとして、文書ではなく、現地での指導が最も有効であることを常に念頭に置いて、折衝しましょう。

6 相手方の時間的都合も考慮すること

　交替制勤務の査察員は、非番（非直）日に実施する場合がありますが、自己の都合だけで時間を固定することなく、査察の実効性をあげるために、相手方の都合も十分考慮しなければなりません。

7
査察の趣旨・目的を、自分の言葉で簡潔に説明できるようにしておくこと

　査察を実施すれば、その防火対象物に何らかの消防法令違反が存している場合が多いと思われます。そうなれば、関係者には違反是正のために何らかの費用・時間的負担が生じるわけですから「なぜ査察を行うのか」、「なぜ消防法令を遵守しなければならないのか」などについて、関係者が納得できるように説明しなければなりません。

　そのために、常日頃から、査察の趣旨・目的をしっかり説明できるよう、トレーニングをしておく必要があるでしょう。

★事前通告通話例

実際に事前通告を行うことをイメージすれば、次のような会話例になると思います。

こんにちは、○○消防署△△出張所の山田と申しますが、□□建設株式会社でしょうか?

▼

そちらの建物（対象物）の防火管理者である総務課長の◇◇さんはいらっしゃいますか

▼

こんにちは、○○消防署△△出張所の山田と申します。本日はそちら（▽▽区◎◎にある□□建設株式会社）の立入検査の件で連絡いたしました

▼

消防署では、管内の建物（対象物）に対して、消防法（第４条）に基づき、定期的に立入検査を実施しています

▼

つきましては、そちらの建物（対象物）の立入検査を12月1日午前10時30分に実施するように計画しましたので、まずは防火管理者の◇◇さんに連絡いたしました

▼

当日、私がそちらにお伺いして、消防設備の設置状況や防火管理面などをチェックし、消防法令に基づき必要な防火安全指導をいたします

▼

時間については、1時間程度を予定しており、◇◇さんの立会いをお願いしたいのですが、よろしいでしょうか

その際に、消防設備の点検報告書の副本、消防計画書などを拝見したいと思いますので、事前の準備をお願いします

▼

それでは、12月1日午前10時30分にそちらにお伺いしますので、よろしくお願いします

▼

改めまして、私は、○○消防署△△出張所の山田と申します。当日まで、しばらく間がありますので、もし急な用件などで不都合が生じた場合は、×××－××××にお電話いただくようお願いします

▼

なお、申し訳ありませんが、私は交替制の勤務となっておりますので、連絡される際は、

今月であれば偶数日にしていただければ幸いです

▼

それでは、当日よろしくお願いします

8 事前準備・事前研究

あ～
お腹すいたあ～
川崎先輩
今日も手作りの
お弁当ですか～
エライですね
当然よ
女は胃袋で男を
落とすのよ
腕磨かなきゃ
それより阿部
いよいよ予防査察が
近づいてきたわね
はい
事前通告も
終わりましたし
当日は所有者が
快く立ち会って
いただけるそうで
ちょっと安心しました
でも今から
緊張しています
最初は
誰でもそうよ
係長の指示で
午後から事前準備、
研究の要領を
教えるわ

8　事前準備・事前研究

❶関係者の把握
❷防火管理状況の把握
❸点検関係・前回査察の結果の確認

予防査察は、防火対象物の関係者に対して防火安全指導を行いますが、ときには意見の対立もあり、相手方を納得させなければならない場合があります。その意味では、関係者との「試合」であり、この試合に勝つ？ためには常日頃からのトレーニング（勉強）は当然のことですが、個々の試合（査察）前の事前研究を怠らないようにしなければなりません。

査察時の指摘は、その改修にお金がかかる場合が多く、誤った指導はできません。ましてや違反を見逃すなどすれば、次回以降の査察で指摘しても「そんなことは、この前言われなかった」と、相手側の抗弁を受けかねません。

しかし、その対象物の指導経過などの予備知識を十分に把握していれば、関係者との会話はスムーズに行われ、なおかつ、相手側からすると「この査察員は、うちのことをよく研究している」という印象を与え、ひいては関係者との信頼関係が生まれてくることになるのです。

どんなにベテランの査察員でも、事前研究を怠らないようにしなければなりません。

試合に負けないために、少なくとも次に掲げる点については、事前にチェックしておきたいものです。

⑴　関係者の把握

所有者、テナントの入居状況、占有者及び防火管理者の確認を行っておく。

事前通告の際に、ある程度の状況把握をしておくことも必要です。

消防法の場合、防火対象物の関係者として、所有者、管理者及び占有者の三者が想定されていますが、事前研究の段階で、誰が管理について権原を有する者（権原を有する関係者）となり得るのか、把握しておくことが重要です。

⑵　防火管理状況の把握

「防火管理3点セット（防火管理者の選任状況・消防計画の作成・避難訓練の実施状況）」の届出等がなされているか確認しておく。

事前に無届けなどが確認できれば、講習の申込書や消防計画の作成例などを準備しておきましょう。

⑶　防火対象物定期点検・消防用設備等点検報告の実施状況の確認

定期的に点検報告がなされているか確認するとともに、提出がなされている場合には、不備事項のチェックを行っておく。

消防設備士や点検資格者は、その道のプロですので、点検の結果、不備事項がある場合は、当日の査察の際に必ずその部分の確認を行うようチェックしておくことも必要です。

⑷　前回の査察状況の把握

前回はいつ実施して、どのような指示をしているのかを必ず確認しておく。

過去の査察指導事項は、とても参考になります。前回のみならず、さかのぼって過去にどのような指導をしているかチェックし、今回の指導に誤りがないようにします。

第3章　査察本番！

1 導入・あいさつ・趣旨説明

ここが
大正ビルですね
外見上は
問題なさそうですね
秋山主任
約束の時間よりも
早いようですけど
早いことはないよ
予防査察前に
このビルの周囲の
道路幅員や
三光
マドロス
カラオケ
イタリア
UNO
龍元
居酒屋
磯
立喰そば
2F 英会話
SUPER MART
SAFORE

消火栓の位置も
確認しておこう
そんなことも
確認するのですか?
予防査察は
火災予防に関する
指導はもちろん
発災したときの
対応なども関係者に
指導した方が
いざという時に役に
立つだろうからね
それから
このビルには避難器具が
設置してあるよね
避難空間の確認も
中から確認するより
外から見た方が
分かりやすいよね
なるほど～
では、
準備はいいかな?
はい!

こんにちは羽加多消防署です
受付
は〜い ちょっと待ってください
バタバタ
はい
あっ、こんにちは羽加多消防署予防課の秋山です
羽加多消防署予防課の阿部です
本日は、大正ビルの立入検査にまいりました
事前に社長の大正さんに連絡をさせていただき本日立ち会いをしていただけるとのことでしたが
あ、そうなんですか

社長〜
あ〜
消防の検査は
今日だったかな？
すまんけど
今忙しいから
勝手に見てくれる？
大正さんに
確認したいことも
ありますし
大正さんは
防火管理者でも
ありますので
お忙しいでしょうが
立ち会いをお願い
します
しょうがないなぁ
短時間でお願い
しますよ
…

1　導入・あいさつ・趣旨説明

●査察の目的を自分の言葉で説明できるスキルを持っておくこと

(1)　自己紹介

事前通告の際に予防査察について十分説明は行いますが、開始時に必ず自己紹介を兼ねて来意を告げます。

例　「こんにちは、○○消防署△△出張所の山田です。先日お電話で連絡いたしましたが、本日は消防法第４条の規定に基づき、こちらの建物（対象物）の立入検査を実施いたします。」

(2)　立入検査証の提示・名刺交換

身分を明らかにするとともに、今後の連絡先等を知らせることを目的として行います。

平成14年の消防法改正により、関係のある者の請求がない限りは、立入検査証の提示義務はありませんが、消防の査察であるという認識を相手に植え付ける意味で、場合によっては自ら、立入検査証を提示するなど、有効に活用しましょう。

また、初対面の場合が多いので、必要に応じて名刺交換等も行うことになります。

(3)　対象物の情報確認

前回査察時からの状況の変更確認は必ず行います。用途変更などがあれば、その部分の徹底チェックが必要になります。また、関係者に前回の指導及び改善状況を確認することも必須です。当然のことですが、事前に聞き取った内容については、防火対象物内の予防査察時に必ず確認する必要があります。

①　新築（前回査察）以降の増改築の有無

・　増築があった場合は、消防用設備等の基準面積が変更になり、新たに消防用設備等の設置義務が生じる場合があります。

・　増床がある場合は、避難器具など階による規制がある消防用設備等の増設の可能性もあります。

・　改築があった場合は、構造変更や内装の変更が考えられるため、構造や内装制限の変更について、チェックする必要があります。

・　通常の場合、小規模な防火対象物を除き、新築時に消防検査を受検したうえで使用開始するため、新築時から当該防火対象物の増改築等がない場合は、消防法令改正でもない限り新たに消防用設備等の設置義務が生じるケースは少ないのですが、関係者が利便性などを理由として建築確認申請を行わず安易に増改築をする場合があるため、消防用設備等の未設置違反が発生する可能性があります。

②　用途変更の有無の確認

・　用途変更があった場合は、消防用設備等の規制に係る「項」変更の可能性があるため、消防用設備等の規制についても、新たに設置義務が生じたり、任意設置となる場合が考えられます。

・　非特定防火対象物が特定用途防火対象物に変更された場合は、設備規制だけでなく、防火管理や点検関係の義務が発生する可能性もあるので、注意する必要があります。

・　消防用設備等については、面積だけでなく、収容人員によって義務が生じる設備があるため、用途変更が確認された場合は、収容人員の再算定も必要になります。

③　テナントの入退去の確認

・　テナントの変更があれば、用途変更の可能性もありますが、用途変更がない場合でも、入居者が異なるため、防火管理者の選・解任などの手続きが必要になる場合があります。

④　前回査察時の指導事項の改善状況等の確認

・　事前研究の際に、当該防火対象物の査察履歴やこれまでの指摘事項の確認は、しっかりと行っていなければなりませんが、予防査察開始前に前回指導事項の改善状況等について関係者に確認することにより、当該防火対象物における防火安全上の問題点をあらかじめ関係者の意識に植え付けることができます。

・この作業により、当該関係者の防火に関する意識のレベル（消防の指導をどれだけ真摯に受け止め改善に取り組んでいるか）を観察することもできます。

(4) 届出等の確認

消防法令では、種々の届出を義務付けています。消防法に基づくものは当然ながら、火災予防条例上の届出の有無等も確認します。

消防に関する届出については、一般的には、消防機関が2部提出を求め、正本は消防機関が保有し、副本を当該届出者に返却し、届出書類等をまとめて維持台帳として保管するように指導しています。各種届出の確認は必ず行うようにします。

① 防火管理者・消防計画の届出の有無

・防火管理者を選任する場合は、届出の際に各自の防火管理者の資格証を確認し、当該写しを届出書に添付する場合が多いと思われますが、届出済みの防火管理者が現に存在するか否かの確認を行います。

・防火管理者には再講習制度があるので、長期にわたり同一の防火管理者が選任されているような場合は、再講習の受講の有無についても確認します。

・消防計画については、当該防火対象物の防火、安全に係る非常に大切な書類です。記載内容に変更がないか、現に活用されているかなどをチェックします。

② 消防用設備等点検・防火対象物定期点検報告の確認

・事前研究の段階で届出年月日や不備事項の確認は行いますが、消防用設備等点検の場合は、半年ごとに行う機能点検等の結果を保管している場合があるので、その内容等をチェックします。

③　避難訓練の実施状況

・特定防火対象物は、年2回の訓練が義務付けられています。また、年2回の訓練を実行していても、消防計画に基づき定められた時期に実施しているか確認します。

・訓練を実施する場合は、原則として事前通報の義務があるので、通報の有無等についても確認します。

２ 関係者情報・届出・全指摘事項の再確認

増改築はしていないけど4階のテナントが去年変わったかな
そうそうあの会社が出て行って今は飲食店になっているよ
中華料理
龍
龍元
ランチメニュー
700
800
以前は4階に厚生堂化粧品の事務所が入居されていたようですが
それではこれから立入検査を開始します
ちょっとすみません
私から補足の確認をさせてください
まだあるの？
F-CITY
Fire Prevention Bureau

防火管理者は
大正さんですが、
消火・避難・
通報訓練は
実施されていますか？
テナントさんも
忙しいから
この1年はしていないね
このビルに設置して
ある消防用設備等の
点検結果報告書が
○年6月に
消防署に提出されて
いますが、その後点検は
されていますか？
消火栓
不景気で
そこまで手が
回らないよ
別に壊れて
いないから
いいでしょ

2　関係者情報・届出・全指摘事項の再確認

●しっかり確認すること

関係者情報の確認作業は、査察後、違反処理に移行しなければならない場合などに必要となる重要な作業となりますので、必要に応じて賃貸借契約書等の提出を求めるなどして、確実に把握するようにします。

①　住所及び対象物名称の確認

②　所有者（法人名、法人代表者の役職・氏名を正確に聴取）、管理者及び防火管理者の氏名の確認

③　各階の入居状況及びテナント名、代表者の確認

③ 査察中の現地指導

さあ、もういいよね
屋上の鍵を取ってくるからちょっと待っていて
すみません私の確認作業が不十分でした
うん
事前確認では4階のテナントが入れ替わっているから、4階は入念に検査しなければならないね
それから消防用設備等の点検もしばらくしていないみたいですね
前回の報告でも不備事項が何か所かあるしその後の維持管理状況も悪いみたいだね

消防用設備等の設置、維持管理状況もしっかり確認しなければならないよ
はい、今度は見落としがないように頑張ります
お待たせしたね最初は屋上からだったよね
A-35
安全ピンが脱落している標識が外れている…指導漏れがないようにしっかりメモしておこう

ちょっと待ってください
何なの
こちらの消火器ですが
このように安全ピンも外れており放射済みのまま放置されていますね
また、消火器という標識も設置されていません
確かにピンがないね
標識もつい最近まであったのになあ〜
…では、次へ行きましょう

図面では
このあたりに
屋内消火栓の
ボックスが
あるはずだけど…
この荷物を
ちょっと移動して
いただけますか？
ここに荷物が
あったら悪いの？
ちょっと
置いてるだけだよ
あ！
ボックスがあった！
消火栓

屋内消火栓は
初期消火のための
重要な設備です
消火栓
そりゃ〜
そうだけどさ〜
このように
ボックス前に荷物を置き
開閉できない状態だと
有事の際に迅速に
初期消火が
できませんよね
この荷物は
速やかに移動させて
ください
では
次は事務室に
戻りましょう
次は自動火災
報知設備の
受信機を点検させて
いただきます
電源よし、
スイッチよし、
予備電源もよし

秋山主任
受信機は特に
問題ないようです
断線表示も
出ていないし
警戒区域図も
掲出してあるね
型式承認番号を
確認して
おいてくれ
はい分かりました
では次に行きましょう
4階
料
理
龍元
秋山主任
ここが前回から
テナントが変更された
お店ですね
台帳情報によると
用途が変更されたときの
届出は受理して
いないから
問題が
ありそうだね
確か事務所から
飲食店に
変更されたんですよね

龍元
事務所から飲食店に変わったから収容人員も増えているはずだ
防炎規制も加わるし新たな消防用設備等も必要かもしれないな
こちらのお部屋を見せていただきますね
店長さんこの前回覧板で回しておいたけど消防の立入検査があるからちょっと入らせてもらうよ
ご協力をお願いします

カーテンは ないけど…
あれ 感知器がないな
そこは宴会用の 個室だけど
このお店は 改装され事務所から 飲食店に変更されて います
そうだけど 何か問題が あるのですか？
本来ならば 用途変更された場合 消防署に届出を 提出していただき 原則として 消防検査を受検して いただかなければ なりません
そうなのですか⁉ 知りませんでした

消防検査の件につきましては上司と相談のうえ再度連絡させていただきます
消防さん、ウチは関係ないから勝手にお店と調整してくれ
無関係ではありません
このビル全体に係る消防用設備等の変更の可能性も考えられます
いずれにしても今確認しただけでも間仕切り変更に伴う自動火災報知設備の感知器未警戒や厨房設備にも問題があると思われます
私は膝が悪いからエレベーターで下りたらダメかな？

階段は避難のための
重要な施設です
適正に管理されているか
確認をさせて
いただきます
あれ？
踊り場のところに
何か置いてありますね
あれは3階の
お店のストック品
だよ
店が狭いから
置かせてくれと
頼まれてね
主任、この状態では
避難上重大な障害に
なりますね
そうだね

大正さん、3階のブティックの店長さんはおられますか？
今日は店にいるといっていたからちょっと待っていてくれ
恐れ入ります羽加多消防署の秋山といいます
本日は立入検査でこのビルにお邪魔しておりますがこの商品はお店のものですか？
そうですよ今セールをしているので
社長の了解を得て在庫品をここに置かせていただいています

階段は火災が発生した場合避難のための重要な施設です
このような状況ですと避難の重大な障害になるので、すぐに除去してください
分かりましたすぐに移動させせます
立入検査が終了した後に確認させていただきますよろしくお願いします
分かったわよ！

「後で確認する」というう君の指導はとても良かったよ
事前勉強の時に消防法第5条の3の教材を見ていたので参考になりました
この様子だと大丈夫だと思うけど後で確認に来てまだ放置されているようなら物件除去命令の発出を検討しよう
でも頑張ります！
えっ！初めての予防査察で命令ですか？
お待たせしたねさて次のテナントに行こうか

緩降機
秋山主任
前回の消防用設備等点検結果報告書では2階に設置してある緩降機のアームが腐食していると記載されていました
緩降機
英会話
2階は、この場所にしか避難器具は設置されていないいな
あっ、主任これ見てください！根本の部分が腐食していますね

大正さん ちょっとここを ご覧いただけますか
これでは 避難器具が適正に 使用できませんね
そんなの 使ったことも ないし
いざというときは さっき見てもらった 階段を使った方が 早いよ
もちろん 階段が使用できれば 階段を優先して 使用しますが
階段付近から 出火したら どこにも 逃げられませんよ
ですから早急に 改修してくださいね
はいはい

3　査察中の現地指導

●現地指導を基本とすること

査察を実行する際は、関係者や防火管理者などの立会いを求めるようにします。

テナントが多く入居するビルなどでは、いきなり制服姿の査察員を見ると警戒され、指導に支障が生じるおそれがあるため、立会人に誘導してもらうなどして、円滑な検査を実施するように努めます。また、消防法令違反などで指導が必要な場合、立会人に当該指導事項を確認させ、是正に向けた指導を行うようにします。

⑴　消防用設備等点検報告不備事項の確認（改修状況も含む）

消防用設備等の点検については、一般的には消防設備士や消防設備点検資格者が実施しており、点検報告書には、予防査察では実施しない作動試験等の結果も記載されています。

消防用設備等のプロともいえる消防設備士等が実施した点検結果報告書は、査察員にとっては、信憑性のある有効な資料ともいえます。点検結果報告書の不備事項が改善指導に直結する可能性は高く、不備事項としてチェックされている場合は、必ず確認を行い必要な指導を行います。また、外観上は問題がなくても機能的に支障がある場合があるため、状況に応じて帰署後、点検を実施した消防設備士等に確認を行う必要もあります。

⑵　主な消防用設備等の機能不良の確認要領

消防用設備等の規制は全般的に複雑で、全てを網羅するのは難しいかもしれません。

ここでは、予防査察時によく遭遇する消防用設備等の例を挙げ、あくまでもその基本的な確認方法について取り上げたいと思います。

消火器具

消火器は、消防用設備等の中でも最もポピュラーなものですが、設備規制においては能力単位の減免や付加的設置規制などがあるので、規制そのものは複雑であるといえます。

規制上は「消火器具及び簡易消火用具」となっており水バケツなども含まれますし、消火器具も粉末・強化液・泡など種類が多く存在します。

しかしながら、一般的な防火対象物では、厨房等を除き粉末消火器が多く使われています。また、能力単位で考えてもいわゆる10型の消火器が多く用いられているようです。

防火対象物全体に係る能力単位の算定は延べ面積を基礎として算定しますが、通常の場合、歩行距離20ｍ以内に設置してあれば、能力単位は規制数値を十分にクリアしている場合が多いです。

査察チェックポイント

① 防火対象物のどの部分からも歩行距離20ｍ以内で設置してあるか。

② 各階ごとに設置してあるか。（小規模雑居ビルなど）

③ 消火器の標識は設置してあるか。

④ 消火器本体が、床面から1.5ｍ以下の箇所に設置してあるか。

⑤ 消火器本体に、サビ・破損・変形がないか。

⑥ 安全栓（ピン）の脱落、ホースの破断等がないか。

⑦ 厨房など火気使用設備が存する場所に、付加的に設置してあるか。

屋内消火栓

屋内消火栓設備は、自衛消防隊が初期消火の際に使用する設備です。

したがって、予防査察の際は、火災を想定して操作空間が十分に確保できているかなどを設置箇所ごとに確認する必要があります。

また、消火器も同様ですが、自衛消防隊が使用するものですから予防査察の際に必要に応じて従業員に消火栓の位置を把握しているか質問するなどして、日頃の危機管理意識の確認をすることも必要と思われます。

屋内消火栓（主に１号）の場合、ポンプの

起動ボタンが自動火災報知設備の発信機と兼用されているタイプとポンプ起動のみの専用タイプとがあります。兼用タイプは発信機の周囲に「消火ポンプ起動」という表示があり、専用の場合はボックス内に起動ボタンが設置されている場合がほとんどです。指導の際に留意しましょう。

査察チェックポイント

① 消火栓箱前に操作障害となる物件などがないか。
② 箱内に収容されているホースに破損はないか。
③ ホースは耐圧試験の必要がないか。（製造後10年経過していないか。）
④ 表示灯の球切れはないか。
⑤ 消火ポンプ室に可燃性物品を存置していないか。
⑥ 制御盤の電源が切られていないか。
⑦ ポンプ本体、配管等に腐食がないか。

自動火災報知設備

自動火災報知設備については、消防用設備等の中でも代表的な設備であり、火災発見、避難指示のための重要な設備です。予防査察時に設置されている場合は、正常に機能するかどうかなど、必ずチェックを行います。

自動火災報知設備は、大別すると、火災受信機、感知器、発信機及び電鈴（非常ベル）から構成されています。

(1)　火災受信機

・　現行の火災受信機は、P型とR型があり、現状では、中・小規模の防火対象物にはP型、防災センターが設置されているような大規模対象物にはR型が設置されていると考えられます。
・　P型は、1～3級受信機があり、端的にいうと、回線数の違いにより区分しています。（3級→1回線、2級→5回線以下、1級→5回線以上）
・　R型火災受信機の多くはガス漏れ火災

警報設備のG型ガス漏れ火災受信機と一体化したGR型で、P型火災受信機との違いは、P型火災受信機は1回線（1つの警戒区域）に接続された感知器や発信機のどれかが作動したことしか分かりませんが、R型火災受信機は固有番号（アドレス）を受信するので、どの感知器又は発信機が作動したかまで判別できるという特徴があります。

(2) 感知器

- 一般的には、住宅用火災警報器と同様に煙式と熱式に大別されますが、それ以外に炎式があります。
- 煙式の多くは、光電式スポット型であり、無窓階や階段、傾斜路などに設置されます。熱式については、無窓階以外の居室や厨房などに設置されます。
- 炎式については、吹き抜けなどの高天井を有する部分等に設置される場合があります。

- 感知器も火災受信機と同様に感度により1～3種に区分できます。

一般的な事務所ビル			立体駐車場・文化財
居室内	湯沸かし室	階段	
差動式スポット型熱感知器	定温式スポット型熱感知器	光電式スポット型煙感知器	差動式分布型熱感知器（いわゆる空気管）

(3) 発信機

発信機は、火災報知機とも呼ばれ、人が火災の発生を通報するための押ボタンスイッチと、通報が火災受信機に受信されると点灯する確認灯、火災受信機と通話できる電話ジャックが内蔵されています。

(4) 電鈴

- 電鈴とは、いわゆる非常ベルのことで、地区音響装置とも呼ばれます。
- 感知器が火災を感知するか、発信機が

人に操作されると、火災受信機でブザー（主音響）が鳴動し、建物の中で電鈴（地区音響）が鳴動して、人に火災の発生を報知します。電鈴の音量は、１ｍ離れたところで90dB（デシベル）以上と決められていて、近くでは耳を塞ぎたくなるほどうるさい音がします。

・表示灯、電鈴及び発信機が１つの鋼板製の箱に収容されている場合があり、総合盤といわれています。

査察チェックポイント

火災受信機設置場所付近

① 電源が入っているか。専用電源としているか。

② 予備電源（バッテリー）は正常に機能するか。

③ 各スイッチは、定位に位置しているか。

・地区音響鳴動停止などになっていないか。

・断線表示などが点灯していないか。

・連動停止（防排煙等）になっていないか。

④ 付近に警戒区域図が掲出されているか。

防火対象物内

① 区画や居室の形成による未警戒はないか。

② 感知器の脱落、塗料吹き付けなどによる機能不良等はないか。

③ 総合盤（発信機）の表示灯切れはないか。

④ 適応感知器を使用しているか。（熱式⇔煙式）

避難器具

火災時の避難は、避難階段を使用することが原則になると考えられますが、避難階段付近からの出火等も想定され、緊急時に避難器具を有効に活用することにより直接的に人命の安全確保につながることから、予防査察の際は特に入念にチェックを要する消防用設備といえるでしょう。

避難器具は、階ごとに規制があり、用途により設置規制が異なったり、階段設置に伴う減免等もあるので他の消防用設備と比較して、設備規制は難解になっています。

また、避難器具の種類も数多くあり、しかも、用途や階数によっては設置できるものと設置できないものがあるため、注意を要します。

査察チェックポイント

① 避難器具本体に腐食や破損等の異常はないか。

② 降下空間、避難空地は確保できているか。

③ 避難器具設置場所付近に操作障害となる要因はないか。

④ 設置場所は適正か。適正な避難器具を使用しているか。

誘導灯

誘導灯は、避難器具と並んで、避難設備のひとつになります。

誘導灯は、基本的に設置義務に関する基準面積はなく、小規模な防火対象物では、消火器と誘導灯のみが設置義務対象となる場合があるなど、予防査察時には、必ずチェックが必要な消防設備のひとつといえます。

火災による煙は、人体への直接的な悪影響とともに、避難の重大な障害となることから、誘導灯についても、人命安全に直結する重要な消防用設備です。

査察チェックポイント

① 主要な避難口に避難口誘導灯が設置してあるか。（免除される場合あり）

② 球切れ等の不点灯はないか。

③ 非常電源（蓄電池内蔵型）が有効に作動するか。（プルスイッチで確認）

④ 表示が適正になされているか。（避難口⇔通路）

(3) 失効機器の有無の確認

消防用設備等の場合、消防法施行令第30条に基づき消防用設備等の規格が定められ、原則として当該規格に適合しなくなった場合は、消防用設備等の効力を失う（いわゆる失効）ことになります。これは、消防法第17条の2の5にも関連しており、特定用途防火対象物と非特定防火対象物とでは失効機器の適法性も異なってきます。

例えば、ある消防用設備が失効しても、非特定防火対象物に設置されている場合は、消火器や避難器具などの一部例外を除き、その消防用設備の機能等に問題がなければ引き続き使用継続できますが、同じ消防用設備でも特定防火対象物に設置されている場合は、機能等に問題がなくても、もはや消防用設備として認められない場合があります。

当然ながら、古い防火対象物に失効機器が設置されてある場合が想定され、主に自動火災報知設備の火災受信機や感知器や避難器具（緩降機）などがその対象となる可能性があり、立入検査時には、製造者や型式承認番号を確認する必要があります。

(4) 防炎関係の確認

防炎の規制は対象物品にどのようなものがあるか、また、用途により規制の有無が異なるため、消防法第8条の3及び関係する規制条文をあらかじめ確認しておく必要があります。飲食店ののれんなど、対象物品となるか否かについては、質疑応答集などで確認しましょう。

予防査察の際は、対象物品に防炎に関するラベルが貼付されているか否かにより確認することになりますが、単にラベルが脱落している場合があるので、周囲の同一物品等を確認するなどして、適正な指導を行うようにします。

(5) 避難施設の管理状況の確認

避難施設は、防火対象物の階段、傾斜路又は防火戸等になります。

避難施設が適正に管理されていない場合は避難の障害になるばかりでなく、例えば、階段内を物置代わりに使用している場合などは延焼拡大の一因にもなることが考えられます。

階段については、防火対象物によっては複数の場所に位置していることが考えられますので、まんべんなく確認します。

また、防火戸については、扉（ドア）式のものや自動火災報知設備の感知と連動したものなどがあります。

査察チェックポイント

① 階段室内に避難の障害となる物件が放置されていないか。

② 屋外階段の構造等に問題がないか。（腐食・手すりの破損等はないか。）

③ 避難導線に問題がないか。（階段の途中に居室、間仕切り等がないか。）

④ 避難施設の扉は外開きで、施錠装置等が設けられていないか。
　施錠装置がある場合は、非常時に容易に解放できるものとなっているか。

⑤ 防火戸の腐食等はないか。自動閉鎖の扉をくさび等で固定していないか。

(6) その他

火災を予防するために立入検査を実施するわけですが、査察員として当該防火対象物が消防法令に合致するか否かを確認するだけでなく、当該防火対象物が出火した場合を想定した防火安全指導を行うことも大切な事項です。初期消火、避難誘導及び通報の方法等について指導を行うのはもちろんのこと、例えば、防火対象物の周囲の状況（道路幅員・付近の消火栓の位置確認・開口部の状況）をチェックし、関係者に対して、有事の際の消防隊の誘導等の指導を行うことも考慮します。

4 査察後の改善指導

さてと
これでビル内のすべてをチェックしたね
はい、結構時間がかかりましたけどやっと終わりましたね
いや、まだ終わったわけではないよむしろこれからが大切なんだ
?
各階ごとの指摘事項はチェックしているね
消火栓
はい漏れがないようにメモしています

よっこらしょっと
大正さん少し長くなりましたが
立入検査へのご協力ありがとうございました
フーッホントに長かったなだったらもう解放してくれるね
いえ、もうしばらくお時間をいただきたいと思います
本日の立入検査の結果と改善に向けてのお話をさせてください
あれこれ現地で言っていただろう分かったからもういいよ
F-CITY

今回は早急に措置しなければならないこともありますし
改善すべき点も多いのでご協力をお願いします
は～分かったよ…
今回の立入検査結果について、私から説明させていただきます
手短に頼むよ
では早速始めさせていただきます
…以上が本日の立入検査の結果です

立入検査結果通知書
本日の結果につきましては、後日立入検査結果通知書という文書を交付してお知らせします
その際に改修結果（計画）書も同封しますので
必要事項を記載のうえ必ず返信していただきますようお願いします
…
やれやれ、分かったよ
何かいろいろと問題がありそうなので早めに対応するよ
消防に対するご理解ありがとうございます
本日は長時間にわたりありがとうございました
帰りに、先ほどのブティックの荷物の確認をさせていただきますね
お疲れさま

秋山主任
本日はありがとう
ございました
とても勉強に
なりました
初めての割には
冷静かつ的確に
対処できたと思うよ
ありがとう
ございます！
でもあのビルは
問題点が多いから
これからの改善指導が
大変だよ
マドロス
龍元
2F 英会話
英会話 2F
初めての担当なので
追跡指導は
私に担当させて
ください！

４　査察後の改善指導

●時間をかけて、相手が納得するまで説明すること

立入検査は、査察員の立場からすると数多く実体験しており効率的に実施することを優先しがちですが、受ける側からでは、立入検査を受けることに慣れておられる方はごく一部であり、当然ながら緊張もするでしょう。加えて、消防法令は難解で、査察員が当たり前のように使っている専門用語を理解するのにも苦労します。

したがって、査察が終了したからといって直ちに引き上げるのではなく、関係者に対して、丁寧に指導事項を伝達し、改善に向けて適切なアドバイスを行うことが必要です。実施後の防火安全指導こそ、査察を成功させるための重要なポイントです。

① 終了後は必ず指摘事項を一つ一つ、相手側に詳しく説明するとともに、改善方法等のアドバイスを行う。

② 文書を交付する際は、名宛人及び送付先の確認を必ず行う。

③ 各種届出、申込書等を持参しておき、当日手渡せるよう準備しておく。

また、関係者の立場で考えると、立入検査を受けた直後にしっかりと査察員の防火安全指導を受けることにより、消防法令を理解し、改善に向けて前向きになれるのではないでしょうか。査察後の改善指導を適当に行い、後から文書指導するだけでは、特に手間やお金がかかる改善は期待できないのではないでしょうか。

★査察時のポイント

査察の一連の流れについては前述のとおりですが、経験則に基づくポイントを紹介します。

★1 クリアファイル等の活用

各種届出書やパンフレット等が数多くあるので、現地での指導を円滑に行うために市販のクリアファイル等を活用して、自分専用のファイルを作成しておく。

（消防署に何度も足を運んでもらうのを防ぐようにする。）

★2 トラブル回避

立入検査は、相手が拒んだ場合は強制的に執行することができないため、関係者の協力が得られるよう、礼節を重んじて行うこと。

（一度拒まれたくらいで簡単に引き下がらないこと。その日たまたま機嫌が悪かったということもある。）

★3 違反を発見した場合の措置

(1)　物件の除去命令等、その場で即断しなければならない場合もあるが、判断が難しい場合は「知ったかぶり」はせず持ち帰り、上司等に相談し、後日指示・指導すること。

（指示・指導事項を大幅に変更するとなると、相当の労力が必要になるとともに、何より関係者との信頼関係が崩れるおそれがある。）

(2)　新築後初めての立入検査や用途変更があった場合は、消防法令違反が発生しやすい状況であるので、事前研究、事後検証を怠らないこと。

（空っぽ状態で検査を受検し、その後入居するケースが多いので特に気を付ける。）

(3)　現地での改善指導は必ず行うこと。

検査時に発見した法令違反は、その場で指摘することを原則とします。違反状態を相手に見せることは、より効果的であると考えられます。

（例えば、3階の避難器具が腐食等により設置（使用）不能となっている場合、その場でその状況を関係者に見せて改善指示を行うこと。）

★4 自己完結の意識

指摘事項の改修については、「自己が行った査察で完結させる」という気概を持つこと。

追跡指導については、電話だけで終わらせることなく、上司と相談し、場合によっては現地に出向くことも検討すること。

（立入検査を行い、指摘するだけでは目的達成とはいえないことを十分認識する。）

★5 メモ取り（反省事項の集積）

予防査察は、実施後に、知識不足による誤った指導、説明不足により関係者が納得しないケースなど、査察員として留意しなければならない事項が必ず出てきます。

これらを例えば**「予防査察ノート」**として、記録しておけば、次回以降の予防査察に活かすことができます。失敗談だけでなく、自己なりに理想に近い予防査察が実施できたときも、書き留めておけば、自信にもつながってきます。

第4章　査察が終わったら

❶ 上司への報告・報告書の作成
❷ 立入検査結果通知書の作成・送付
❸ 改善報告の確認　❹ 追跡指導　❺ 予防査察の終了

いや
指摘事項が多かった
こともあって
関係者指導に
時間を要したよ
阿部さんも
お疲れだったね
どうだった？
初めての予防査察は
はい
秋山主任の
おかげで何とか
終了しました
でも
私が主担当なら
どうなっていた
ことか…
阿部さんの
初めての予防査察
だったから
今日の予防査察の
概要について
係内で
ミーティングを
やろうか
はいッ

会議室
早速だけど阿部さん今日の予防査察の率直な感想を話してくれないかな？
はい一番に感じたのはスピード感です
秋山主任が関係者の質問などに素早く対応されているのに正直驚きました

今の私では
あのようにスムーズに
進めることは
できません
そうだね
予防査察は
関係者との円滑な
コミュニケーションが
必要だね
他には？
私自身
消防法令のことを
よく知らなかった
のですが
関係者の方が
思った以上に
消防法令のことを
理解していない
という点です
うん、それは
とても重要なことだね
いつまでも
忘れないようにね
ところで
君たち先輩から
何かアドバイスは
ないかな？

私もまだまだ
経験不足ですが
消防法令では
防火管理者の選任や
設備点検など
届出を義務付けている
事項が多いので
届出に必要な
書類を前もって
取りそろえて
予防査察に行くように
しています
なるほど
いちいち消防署に
様式を取りに
来てもらう手間が
省けますね
それから
これは私の失敗談でも
あるのですが
同じような説明を
しても、理解して
もらえる場合と
急に怒り出す
場合などがあり
接遇の難しさは
常に肝に銘じて
おくようにして
います
う～ん
そのところは
経験しか
ないのかなぁ…

それから予防査察時に法令違反など指導すべき事項があった場合
違反をチェックするだけでなく、その場で指導するということも大事ではないかな？
それは例えばどんな場合があるのですか？
今回の予防査察でも君は消火器の安全ピンが外れていたところをチェックしたよね
はい おぼえています
もちろんチェックして後から改善指導をするのだろうけど
現地で問題点を関係者と一緒に確認して改善指導した方がより効果的だよね
なるほど社長さんはあの場で納得していましたね

さて、そろそろ
就業時間も終わりだ
今日は阿部さんの
初陣を祝して
みんなで一杯行こうか
わあ〜
いいですね！
パーッといき
ましょう
駅前の飲み屋
18時までの入店なら
生ビール半額
だったわよね
二次会は
カラオケだな〜
もう二次会の
話ですか〜
NACK

カチッ
カンパーイ!!
おいしい〜！
やっぱ働いた後のビールはうまいな
阿部さん、秋山主任から報告を受けたけど今回の君の予防査察時の対応はとても良かったみたいだね

自分ではよく分かりませんでしたがとにかく必死でした
物件の除去命令を発出する可能性もあったようだね
その時の君の対応は特に良かったみたいだよ
ありがとうございます！
予防査察も現場活動と同様に力を出し惜しみすることなく
住民のために一生懸命頑張ることが必要だよね
さすがベテラン査察員、係長！いいこといいますね
いも

翌日
秋山主任 昨日はお疲れ様 でした
いや こちらこそ ところで あのビルの予防査察は これからの作業が 大変だからね
それから 4階部分も再度検査に 行くよう指示も したよね
そうですね 改善を要する事項も たくさんあるし
報告関係と 立入検査結果通知書の 作成は私が担当します
頼んだよ 立入検査結果通知書は 公文書だから
指摘漏れや根拠法令の 記載に誤りがないように 注意して作成する ようにね

分かりました決裁前に秋山主任にお見せします
良かった〜
指導事項を全部メモしていたから報告関係はうまくいきそう
あら阿部何か調子良さそうじゃない

はい　予防査察時のメモ取りは後の処理の時に役立ちますね
そうね　すべての内容を記憶できないし指摘漏れもあったらダメだからね
メモ取りは他にもしておいた方が良いのじゃないかな
その他とはどのような場合ですか？
予防査察はこれからも継続していくわけだから　今回の予防査察の良かった点や反省点を書き留めておけば次に活かせるよね
そっか　褒めていただいたこともあったけど反省点もたくさんあったんだった

阿部さん
ちょっと
いいかな
は、はい
君の作成した
この立入検査結果
通知書の件だけど
う勧告します。
なお、改善結果又は改善計画を　　年
別紙により報告して下さい。この件につきま
りましたら下記担当者までご連絡下さい。
勤務先：
電話番号：
指摘事項
防火管理者は，消火・避難・通報訓練を
実施すること。
防火管理者は
消火・避難・通報訓練を
実施することと
記載してあるが
それだけで良いのかね？
あのビルは
特定用途だから
年2回の実施が
義務付けられて
いるよね
「特定用途防火対象物」
＝年２回
えっと…
確か消防法第8条に
記載されていたと
思いますが…
それから
実施前の事前通報も
必要ではないかね
えっ！
そんなこと
知りませんでした

消防法令の規制は
消防法を把握する
だけではなく
火災予防条例
消防法
消防法施行令
消防法施行規則
関連する施行令
施行規則そして
火災予防条例も
しっかりと
勉強しないとね
プルルル
消防法の規制は
奥が深いですね
阿部
大正ビルから
電話だけど
えっ？
はい
替わりました
阿部ですが
大正だけど
この前ウチに来た
消防士さんかね
はい
私と秋山が担当させて
いただきました

立入検査結果通知書
という文書が届いたよ
それから
改善計画書も送付した
から確認してくれ
えっ、
本当ですか！
ありがとう
ございます！
どうせ
改善するなら
しっかりやりたいから
いろいろ教えて
くれないかな
消防署に
行くから
はい
是非お待ちして
います
山田係長
大正ビルの社長から
改善相談の電話が
ありました
そうか、意外と早く
改善できそうだね
良かったじゃないか

秋山主任 今回の査察は 阿部さんにとって とても良い経験に なったようだね
そうですね でも、これから 挫折することも あるでしょうね
指導に従って くれない関係者や 時には罵声を 浴びせられる こともあるからね
正論が通用しない 場合も多い ですからね
どんな場合でも 予防査察は査察員自身 のためではなく
住民のために 行うものだから ある意味では 絶対に負けられない 試合みたいなものだね

彼女の一生懸命な姿を見て私も今回は勉強になりました
これからも住民の安全確保のために頑張っていきます
彼女が早く一人前の査察員になれるよう頼んだよ
君自身の予防技術検定の方もね
消防署
今回の予防査察はいろいろと勉強になったな
秋山主任のように早く一人前の査察員にならなくては
阿部さんお疲れ様
社長さんから電話があったみたいだね

主任、
お疲れ様でした
そうなんです
社長さん
相談に来られるので
そのときはよろしく
お願いします
やる気満々だね
よし、でも
君なりにしっかり
勉強しておいてね
もちろんです
頑張ります！
私自身、消防学校入校中は
（消防）法令解釈が難しく
予防の仕事は
何となく苦手意識が
ありましたけど
何か、とても
充実感がありますね
どのような仕事でも
住民のために取り組んで
いるということだよね
はい
これからも
頑張ります！

1　上司への報告・報告書の作成

予防査察後の報告の流れは、消防本部によってルールがあり一概に統一化できませんが、予防査察において改善すべき事項が存在すれば、火災予防上問題があるということになるため、報告やその後の処理はできるだけ迅速に行う必要があります。

一方では、立入検査結果報告書などにより関係者に対する指導を行うということは、行政指導の範囲内とはいえ消防機関の意思表示ともいえるため、誤った指導を行うことは許されません。上司への報告や報告書の作成に際しては、指導事項が適切かどうか、自分なりに再度検討して報告するようにします。

2　立入検査結果通知書の作成・送付

立入検査結果通知書については、指導内容が軽微な場合などは、現地で査察員が改善すべき内容を記入し関係者に対して交付する方法をとっている消防本部もありますが、一般的には、署・課長の決裁を経て、消防署長名で交付しているケースが多いと思われます。

立入検査結果通知書は、命令書や警告書と比較して消防機関として簡易な文書として運用しがちですが、受ける側からすると行政からの指示文書という点から重みがあるということを認識しなければなりません。また、通常の場合、いきなり警告書等を送付するケースは少なく、むしろ立入検査結果通知書の指示項目がその後の警告書等の基礎となる可能性は高いといえます。

したがって、安直に作成、送付するのではなく、根拠法令や指示項目を精査し、決裁を受けるようにします。

また、送付については、立入検査の日から一定期間が経過すれば、当該関係者の改善意欲も低下してしまうことを念頭に、できるだけ早めに送るようにしましょう。

3　改善報告の確認

消防署に自ら出向いて改善報告をされる関係者もおられますが、通常の場合は、立入検査結果通知書に改善結果（計画）報告書を同封し、指示事項の改善状況（計画を含む。）を文書で提出するよう関係者に求めるため、文書による回答が消防署に届くことになります。

立入検査結果通知書送付後、遅滞なく改善結果（計画）報告書の提出があれば、当該関係者の改善意欲の表れであると一定の評価はできますが、「とりあえず、全て計画として提出しておこう。」と安直に提出される場合があるので、改善結果（計画）報告書の提出がなされた場合はその内容について精査し、必要に応じて当該関係者に聞き取りを行うなどして、確実に履行状況の確認を行うようにします。

4　追跡指導

消防本部によっては電話等による追跡指導を査察員に義務付けている場合もありますが、追跡指導は、査察員が実施した予防査察を責任持って終結させるという点において、とても重要であると考えられます。

追跡指導を行うことにより、ややもすると関係者から非難を受ける場合もあるかもしれませんが、予防査察での指導については当然ながら火災予防上必要な事項であり、未改善のまま放置すれば、火災危険に結びつくということをよく考慮して、追跡指導を実施する必要があります。

予防査察を実施して、当該防火対象物の違反状況等を指摘するだけでは、予防査察の目的を達成したことにはならないことを深く認識しましょう。

5　予防査察の終了

　これまで解説した事前研究、事前通告、現地での立入検査及び防火安全に係る指導及び予防査察後の作業等が全て完了した時点で、予防査察が終了したことになります。

　予防査察は、相手（関係者）があり、予防査察の防火対象物の様態も様々であることから、全ての段階や実施事項を画一的に進めていくことはできませんが、火災予防推進のために自己の保有する知識、技術の全てを発揮するように心がけましょう。

　また、消防法令で規定されている規制やそれに伴う運用基準などは複雑で、ときには、後から気づいた指導漏れや査察員の説明不足により関係者が納得しないケースなど、反省事項も多少なりとも出てきます。その事項を次回の予防査察に活かして行くためにも、事案ごとに予防査察の振り返りを必ず行うようにしましょう。

番外編

査察時に階段の避難障害を発見！どうしよう？

ご存じのとおり、消防法の改正により、措置命令権の拡大ということで、階段等の避難施設において、「避難上重大な支障がある」と査察員が判断した場合は、その場でその査察員が命令権者となり、消防法第５条の３に基づく物件の除去命令を発出できるようになりました。

皆さんも、査察を行っている最中に避難施設である階段部分に商品を展示しているなど、避難上支障がある状況に遭遇する場合があると思います。

消防法では、避難施設の維持管理違反に対する対抗策として、複数の条文が用意されていますが、これらの条文がどのような状況の場合に対応できるのか考えてみましょう。

1　消防法第５条第１項〔防火対象物の火災予防措置命令〕に該当する場合

消防法第５条第１項については、防火対象物の位置、構造、設備及び管理の状況について危険が認められる場合に、消防長、消防署長が当該防火対象物の改修、移転、除去、工事の停止又は中止その他必要な措置を命ずることができます。

避難施設の維持管理違反で、伝家の宝刀といわれる第５条命令を発出できるの？という疑問を持つかもしれませんが、次に挙げる場合で、行政指導にも応じず改善しないときは、発出することが可能です。

①　階段の出入口の防火シャッターが破損変形等により機能不良となっているもの
②　階段室内を他目的に使用するため、改装、その他構造等を変更して構造不適となったもの
③　階段部分に扉等を設置し施錠することに

より、当該階段が通行不能となっているもの

④　階段、出入口、廊下、通路等に避難上障害となる工作物が設置されているもの

この場合において、建築物に固定された工作物の改修等を伴わない、いわゆる管理上の問題について措置する場合、緊急性があるときは、消防法第5条の3の命令を選択し、その他は消防法第8条関係違反として行政指導を行うことになります。

2　消防法第5条の3〔物件除去命令〕に該当する場合

階段部分に多量の物件が放置され、若しくは存置されている場合、消防長、消防署長、その他の消防職員は、当該物件の整理又は除去を命ずることができます。

次に挙げる場合などは、命令が可能というよりも、命令は必須と考えた方がよいでしょう。

①　階段部分に物件が存置され、一人でさえ通行できない場合

②　階段部分に物件が存置され、消防隊の活動に重大な支障となる場合

消防法第5条第1項との相違点は、避難の支障となるものが、前者が工作物など建築物に付随するものであり、後者は建築物から独立したものであるといえます。

例えば、ボルトで階段室内に固定してある違法な扉については、消防法第5条第1項を根拠に除去させ、階段室内にある可燃性の段ボール、ビールケース等については、消防法第5条の3を根拠に除去させることになります。

3　消防法第8条〔防火管理者〕違反に該当する場合

防火管理者は、消防計画の作成、火気管理等は

もちろんのこと、避難又は防火上必要な構造及び設備の維持管理を行う責務があり、階段部分についても、その範囲内になります。

このことは、消防法第8条第1項に規定してあるほか、消防法第8条の2の4において、防火対象物の管理権原者は、「防火対象物の廊下、階段、避難口その他の避難上必要な施設について、避難の支障になる物件が放置され、又はみだりに存置されないように管理」しなければならないとされています。

また、これらの規定に違反した場合は、消防法第8条第4項に規定する防火管理適正執行命令を発出することができます。

当然のことですが、消防法第8条の2の4の規定に違反している場合は、消防法第8条違反も形成することになります。具体例としては、次のような場合が挙げられます。

① 階段、出入口、廊下、通路に物件が存置されているもの

② たて穴区画内に設けられた防火戸、防火シャッターにくさび等を差し込み、閉鎖不能にしているもの

消防法第5条の3の発出例と類似していますが、物件の除去命令を発出するということは、その状態そのものが消防法第8条第1項違反を形成しており、避難施設維持管理違反がより重大である場合に、物件除去命令を発出することになるのです。

4 まとめ

階段については、重要な避難施設ですから、当該部分に可燃性の物品等を放置すること等について、その状態を現認したときに査察員として見て見ぬふりをすることはできません。

それでは、「どの規定を根拠に、階段部分の物品の存置について改善させるか」という問題がありますが、物件等の状態、避難施設の状況及び対象物内の収容人員など、さまざまな状況を考慮して、

その適用を判断する必要があります。

まず、消防法第5条第1項については、防火対象物そのものに対する措置命令になりますから、建築物に固定されたものを除去させるときに発出することができ、それ以外の物件等については適用することはできず、その場合は、消防法第5条の3を選択することになります。

①　避難階段に大型冷蔵庫が置いてあり、それが避難障害になっている場合、当該冷蔵庫が、床にボルト等で強固に固定してあるときは、建築物の一部とみなされる場合も考えられるので、防火対象物の改修命令である消防法第5条第1項の発出を検討します。

②　床に固定されることなく置いてある場合は、物件とみなされるので、物件の除去命令である消防法第5条の3第1項を選択することになります。

③　また、この冷蔵庫が重大な避難障害となり、このまま放置すれば危険であると判断される場合は、消防法第5条の2第1項第2号に基づき、防火対象物の使用停止命令を選択する場合もあります。

我々消防職員が行うことができる物件の除去命令は、違反処理標準マニュアルでは物件の存置状況で「一人が通行できない状態」を想定してありますが、これはあくまでも例示であり、査察員がその建物の状況等から判断して避難上支障になると認める場合であれば、発出することは可能です。

また、物件の存置はあるものの人が十分通行でき避難上重大な障害にはならない場合でも、階段という避難施設の維持管理が十分にできていないことには違いはありませんから、何も指導しないのではなく、消防法第8条第1項違反として、階段内の物件を除去するよう行政指導を行いましょう。

モンスター撃退法

予防査察は､端的に言うと防火対象物に立ち入って、必要な防火安全指導を行うことになりますが、指導を行う以上、相手が必ず存在します。当然ながら、人は千差万別で、こちらが同じ内容の指導を同じ要領で行っても、相手によってその理解度や反応は様々です。

相手の反応によって、行うべき防火安全指導にブレが生じることは許されませんし、加えて、その指導が、消防法令規制に伴う場合は、相手がどのような反応を示そうとも、法定事項である限り妥協することは出来ません。

消防職員も公務員です。住民の中には「我々の税金から給与が支払われている」という感情を持っておられる方も存在しており、査察員が行う防火安全指導が適法かつ適切なものであっても、相手によっては、感情的になり、結果的に理解を得られずに予防査察が不調に終わる場合もあります。

したがって、査察員は予防査察のあらゆる場面を想定して、常日ごろから、その対処法を研究しておく必要があります。

留意事項

1　消防法を守るのにはお金がかかる

予防査察時には、防火安全指導を行いますが、火気取扱いの指導や消防用設備等の操作方法などに対して、関係者は素直に指導に応じます。一方で、消防用設備等の設置や点検等の指導を行ったとき、関係者の顔色が突然変わる場合があります。

なぜかというと、それはまさに「消防法を守るのにはお金がかかる」からです。

消防法令では、安全確保のために、規模、用途等に応じて消防用設備等の設置義務を課しています。また、維持管理の観点から、各種点検も義務付けています。

これらの規制は、安全確保のためにとても重要なことですが、消防用設備等の設置や点検については、設備そのものも全般に高価であり、人命の安全に係るものであることから、原則的には自己で設置できるものではなく、消防設備士などに依頼しなければならず、結果的には思いのほか費用負担が伴います。

関係者の立場からすれば、よく知らない消防法について、法令違反の事実を突きつけられても、現に自己の責任で火災を起こしたわけでもなく、火災を実体験している人も極端に少ないでしょうから、消防から一、二度指導されたからといって費用をポンと出すことは、想定しにくいのではないでしょうか。

そのために、消防用設備等の設置やその後の維持管理の重要性を、関係者に深く認識させることが必要になります。

2　消防法令違反を是正させるだけではない

消防用設備等の未設置違反があった場合、関係者に対して設置指導を行うわけですが、例えば、自動火災報知設備を設置した場合、それなりの費用負担をしたという実感が伴うのは、実際に火災が発生するなどの非常時に限られるものですから、関係者に理解してもらうのにとても苦労することは事実です。

また、消防法違反を是正させることだけでは、予防査察業務が完了するということではありません。

なぜならば、例えば、防火管理業務でいえば、防火管理者の選任を命じ、現に選任がなされたとしても、当該防火管理者が業務を適正に執行しなければ意味はなく、避難等訓練にしても、形だけでは実効性はありません。また、消防用設備にしても、自動消火のスプリンクラーは別として、消火器や屋内消火栓などは、関係者がその使用方法を理解し、有事の際に実際に使用できなければ無用の長物となってしまうからです。

したがって、予防査察業務は、関係者に実感のない費用負担を求めても、関係者と良好な関係を保ちつつ、更には終末時点においては、火災予防に対して積極的姿勢を有してもらうようにしなければならないという、とても難しい面があるといえます。

このことを十分に理解して、予防査察業務に取り組んでいく必要があるでしょう。

３　人は千差万別

予防査察の相手は、もちろん設備や機械ではなく、人になります。

人には、持って生まれた性格、その時々の心理状況、年齢、性別など、個々によって異なる特徴があり、予防査察時の反応もそれぞれ違い、ときにはこちらが戸惑う場合もあります。

必然的に、予防査察の経験が増えるほど人間観察の能力も高まる傾向があります。

予防査察の開始時から、高圧的な態度を取る人、急に怒り出す人、返事だけ良くて手応えがない人など、いろいろな相手が存在します。

一般的には、次のような傾向があるようです。

⑴　口うるさいタイプ

とにかく自己主張が強く、自分の意見が通らなければ大きな声で怒鳴る人がいます。

このタイプは、査察員としては、一番イヤな相手だともいえますが、人によっては、臆病を隠すためによく吠える（？）タイプも存在し、また、総じて自己が納得すれば、その後の動きは速いともいえます。

査察員としては、相手の話の腰を折らずに、十分に話を聞いて、消防法令の規制の説明などを丁寧に行うように心がけます。

⑵　威張りたいタイプ

「俺は、前市長の○○とは、友達だった」や「お前では話にならないから局長を出せ」など、とにかく高圧的で威張った態度をとるタイプも存在します。

このタイプは、自意識過剰で人を見下したような言動をとるので、ときとして査察員が相手のペースに巻き込まれてしまい、感情的になったり、逆に弱気になったりします。

予防査察で指導する内容は、査察員の感情や個々の思惑によるものではなく、基本的には消防法令に基づくものであるため、査察員が世論や常識から逸脱した指導をすることは考えられません。威張りたいタイプの相手には、正論を述べ、堂々と対峙するように努めます。

(3) 嫌みなほど返事が良いタイプ

査察員の説明途中に、「その件はよく分かりました。すぐに改善します」や「実は、今日にでも直そうとしていました」など、一見すると、とても協力的な姿勢を見せるタイプの相手がいます。

このようなタイプは、ある意味では要注意です。その場さえ切り抜ければそれでよいという考えを持った者が多いからです。

査察員の立場から考えると、このタイプは、協力的で理解力も高いと誤認識してしまいがちで、査察時の指導なども、甘くなってしまいます。

予防査察時に、前回の指導事項について説明すると、「そんなこと聞いていない、聞いていればちゃんとしている」と抗弁してくるケースが多いのも特徴として挙げられます。

このタイプには、指導に対する理解度の確認を区切りよく行うことです。執拗に行うくらいでちょうど良いともいえます。

(4) 理論武装してくるタイプ

査察員の知識や経験が乏しい場合に、一番苦労させられるタイプです。

大学時代に法学部に在籍していた、あるいは、現状において法律関係の仕事をしているなど、法律知識に長けた人に多いタイプです。

理論に対しては、理論で対抗するのが一番です。消防法令を細やかに研究している人物は皆無に等しく、自信を持って堂々と対応することをお勧めします。

このタイプは、理解度が非常に高いので、納得すれば指導に対する対応も早いです。

具体的対応例

　査察員は、予防査察を実施する際、我々消防職員が常日ごろの業務を通じて感じていることと、社会一般の常識には大きなずれがあるということをよく認識していなければなりません。

　予防査察の現場では、消防職員なら考えられないような言葉が関係者から発せられる場合があり、その時々で、感情的になったり、相手のペースに巻き込まれないように留意しておく必要があります。

　全ての関係者ではありませんが、ときには、非協力的で、威圧的な態度を取ってくる人も存在します。その対応は個々の場面で異なりますが、日ごろから対応策をトレーニングしておくことで、予防査察を円滑に進めていけるようにしておきましょう。

1　立入検査に訪れた時点で

①　**一体何をしに来たのか？　ウチは今まで火事を起こしたことがないから大丈夫だ。**

➡私は、○○消防署から来ました○○と申します。本日は、消防法に基づき、立入検査でお邪魔いたしました。住民の皆さんは、どなたも「火事を出さない」という強い気持ちをお持ちになって生活されておられますが、それでも、毎年、全国では約４万件もの火災が発生しております。ご協力をお願いします。

②　**仕事の邪魔だから帰ってくれ。**

➡立入検査につきましては、火災予防のために、我々消防が事業所に出向き、必要な指導を行うものです。お忙しいでしょうが、○○さんの（所有・管理する）建物の安全向上のため行うものですから、お仕事の邪魔にならないよう、十分留意いたしますので、ご協力をお願いします。

③ **なぜうちにだけ来るのか。他にもあるだろう。**

⬇○○さんの（所有・管理する）建物だけに行っているものではありません。他の建物についても、計画的に実施しております。ご協力をお願いします。

④ **今は忙しいから後にしてくれ。**

⬇お忙しいかもしれませんが、立入検査については、個人の住宅を除いてすべての建物を対象に実施しています。本日がお忙しくても、近日中に必ずお伺いすることになりますので、ご協力をお願いします。

⑤ **最近消火器の悪質販売の話を聞いている。（立入検査証を見せられても）あなたが、消防職員であるかどうか分からない。**

⬇私は、○○消防署の○○です。ご不審な点がありでしたら、○○消防署（電話番号）に電話をして確認してください。また、本日、お伺いした目的は、あくまでも火災予防のための立入検査ですので、消火器など、何かを販売することは一切ありません。どうかご協力をお願いします。

⑥ **ウチには燃えるものは何もないから、検査の必要はない。**

⬇お分かりいただけると思いますが、燃えるものが一切無いということはちょっと考えられないのではないでしょうか。

　火災は、いつ、どこで発生するか分からないものですから、ご理解とご協力をお願いします。

⑦ **連絡もなしに、お宅の都合だけで来てもらったら困る。**

⬇本日は、この建物を利用される方々の安全・安心のために立入検査でお邪魔させていただいております。突然の訪問で、驚かれておられるでしょうが、この建物の安全のために、是非ご協力をお願いします。

また、連絡なしでの立入検査につきましては、我々消防職員に対して消防法令上認められた行為ですので、ご理解をお願いします。

⑧　**消防が何の用ですか？**

➡本日は、消防法に基づき、この建物の立入検査でお伺いしました。

我々消防職員が、火災予防のために、管内の建物に立ち入り、その建物の設備や管理の状況について、消防法令に適合しているか確認をさせていただき、必要な指導を行うために行っているものです。

⑨　**立入検査って言うけど何なの？　何をするの？**

➡立入検査とは、消防法第４条に基づき、消防職員に与えられた権限であり、我々消防職員が、火災予防のために関係のある場所に立ち入り、その建物の位置、構造、設備又は管理の状況について、消防法令に適合しているか確認を行い、必要な防火指導を行うために実施するものです。

具体的には、その建物内に立ち入って、消防設備が法令に基づき、適正に実施されているか、防火に関する責任者(防火管理者)が選任されているか、消防設備や建物の点検がなされているか、避難訓練を実施しているかどうかなどをチェックして、必要な事柄を指導させていただくことになります。

⑩　**断ったらどうなるの？**

➡建物の安全性向上のために実施するものですから、どうかご協力をお願いします。

断られるケースは、非常にまれですが、参考までに申し上げれば、具体的、合理的理由がなく拒否されると、消防法上では罰則

（30万円以下の罰金・拘留）が適用される場合があります。

⑪　**立入検査はいいけど、勝手に見ていってくれる？**

➡立入検査については、建物の状況を把握するという目的もありますが、我々消防職員が建物に出向き、日ごろの維持管理状況や使用状態をお聞きして、関係者に直接防火安全指導を行うことがより効果的ですので、立会いについてご協力をお願いします。

⑫　**突然来てこれから検査するなんて横暴だ。**

➡突然お邪魔して申し訳ありませんが、この建物の安全のためにご協力をお願いします。

忙しいから帰ってくれ！
最初は中に入れたのですが急に今日は忙しいから帰れと言われました

2　違反に対する指導事項を説明した時点で

①　**他の所でも、厳しい指導をしているのか？ウチだけに言っているのではないのか？**

➡こちらの建物だけに立入検査でお伺いしているのではありませんし、こちらにだけ厳しい指導を行うこともありません。我々消防の指導は、あくまでも消防法令に基づいたものですので、どの建物に対しても、不公平な指導を行うことはありません。

②　**違反しているのは他にもあるだろう、そこを済ませてから来い。**

➡他の建物についても、消防法令に基づいた指導をさせていただいております。

こちらの建物だけに指導している訳ではありませんので、ご理解をお願いします。

③　**俺の店を俺の好きなように使って何が悪い。**

⬇この建物について、例えば、ご自宅のように、○○さんやご家族だけしかご使用にならないというのであれば、おっしゃることは分かりますが、この店には、多くのお客さまがおみえになるわけですから、そのことを十分にご理解いただくようお願いします。いらっしゃるお客様のためにも、ご協力をお願いします。

④　**若い者が偉そうにするな。**

⬇私の言動で、不快な思いをなされたのであれば、お詫びいたします。

しかしながら、この建物の安全のために指導していることをご理解いただきますようよろしくお願いします。

⑤　**法律で勝手に決めているのだから、消防が設備を付ければいい。**

⬇消防設備の設置については、消防法令にも明記してありますが、義務者は、その建物の所有者などの関係者となっています。消防設備は、所有・管理されているこの建物の安全のために設置するものですから、ご理解をお願いします。

⑥　**そんなことをするお金がない。商売を止めろと言うのか？**

⬇商売をなされているのならば、何事もお客さまを第一に考えていただくことが重要であることは、ご理解いただけると思います。お客様の安全を確保するために、消防法令を守っていただくわけですから、応分の費用負担について、ご理解をお願いします。

⑦　**世の中不景気だ、銀行が貸してくれたら設置する。**

⬇消防設備などの設置費用については、銀行だけでなく、公的機関においても融資制度があります。詳しい内容については、直接お問い合わせいただいても良いですし、私がパンフレットなどを入手してお送りしても結構です。

不景気で、ご負担になられるかとは思いますが、ご理解をお願いします。

⑧　**これまで何十年も来なかったのに、今さらいろいろ言われても困ります。**
➡何十年もお伺いできなかったことに対しては、率直にお詫び申し上げます。

これまで、お伺いできなかったために、指導事項が多くなっておりますが、これからのこの建物の安全のために、どうかご理解いただくようお願いします。

⑨　**前の所有者からそんなもん聞いてない。この建物を買った時からこのままだ。設備を付けるのなら前の所有者に言ってくれ。**
➡消防設備の設置義務者は、その建物の所有者などの関係者になります。この建物の所有権は、現在○○さんにあるわけですから、購入されたときに未設置だからといって、購入当時にさかのぼって、前の所有者に設置していただくことを消防から指導することはできません。もし、納得いただけないのならば、一度前所有者にご相談なされてはいかがでしょうか。

⑩　**（防火管理者の選任、避難器具の設置の収容人員の算定に当たって）**
そんなにお客さんが入るわけないだろう。そんなに計算どおりに客が入るのなら儲かってしょうがないけどなあ。

➡景気の動向などによって、お客さまの入店状況に違いがあるなど、それぞれのご事情もあるかとは思いますが、消防法は、全国的な基準であり、その基準に明記されていることを指導しているわけですから、ご理解をお願いします。

⑪　**ウチは鉄工所だから燃えるものなんて何もないですよ。**

⬇鉄工所だからといって、火災にならないということではありません。現にこれまで、鉄工所での火災も発生しています。

　むしろ、火気を使用されるという点においては、他の業種よりも危険性が高いということをご理解ください。

⑫　**お前じゃ話にならん、署長を呼べ。**

⬇申し訳ありませんが、「話にならない」という根拠をお聞かせください。私の対応が納得できないとおっしゃるならば、もう一度「話にならない」点を整理して、説明させていただきます。私は、署長の命により、業務を遂行していますので、本件のことも当然ながら、署長に報告いたしますし、どうしても私の対応がご不満であれば、署長にその旨を報告させていただきます。

⑬　**前に来た人はそんなこと言わなかったよ。人によって言うことが違うのはおかしい。**

⬇前回の立入検査では、指摘しなかったかもしれませんが、今回私は、現状における消防法令に基づいた指導を行っています。この建物の安全のために是非、ご理解とご協力をお願いします。

⑭　**あれこれと言われても分からない。**

⬇説明が、多岐にわたり、分かりにくかった面もあったかもしれませんが、これまで指導させていただいたことは、どれも重要な事柄です。必要ならば、もう一度説明させていただきますが、いかがでしょうか。

⑮　**これをやっているのはテナントで、私（所有者）には関係ない。悪いのはテナントだ。**

⬇消防法令を守っていただくのは、建物の関係者の責務になっております。
　関係者というのは、その建物の所有者、

管理者及び占有者が該当しますが、それぞれの事柄で責任の所在は異なります。

例えば、テナントビルなどの場合、自動火災報知設備などの建物に固定する設備については、その建物の処分権を有する所有者が、防火管理のようなソフト面については、所有者と管理者であるテナントがそれぞれの管理区分に応じてその責を有するということになります。テナントに貸しているからといって、所有者の防火責任が存在しないということにはなりません。

⑯ **消防の指導に従わなかったらどうなるんですか？**

⬇一般的な例ですが、我々が立入検査を実施して、その建物に法令違反があった場合は、関係者の自発的意思により改善していただくように、文書等を通じて指導します。

指導を継続しても、なお従わない場合は、行政処分（命令）によって、行政の権限で強制的に義務の履行を求めることになります。それでも従わない場合、最終的には告発し、関係者が処罰される場合があります。

⑰ **防火管理講習会で2日間も仕事を休めない。**

⬇申し訳ありませんが、所有されている建物の法令遵守のため、また、安全性の確保のために、ご理解いただきますようお願いします。

講習日程によっては、土、日の開催を予定している場合もありますので、そちらでの検討もお願いします。

⑱ **ウチは、全部管理会社に任せてあるから、そっちに言ってくれ。**

⬇管理会社では、具体的な意思の決定はできかねると思います。法令上、直接の義務者である○○さんに説明させていただきたいと思います。

用途別チェックポイント

消防法令による規制については、当該防火対象物の安全性を確保し、ひいては、国民の生命、身体及び財産を火災から保護することを目的としています。

予防査察では、消防法令という安全のルールがしっかりと守られているか否かを検査するのが中心的役割となります。

ただし、消防法令による規制については、あくまでも当該防火対象物の安全確保のための最低基準であり、ルールが守られていることはもとより、それぞれの防火対象物の位置、構造、用途などにより、より的確な防火安全指導を行うことも必要です。

予防査察の対象となる防火対象物の主な用途ごとの特徴や予防査察時の主なチェックポイントについて、考察してみましょう。

なお、全般的な指導事項及び消防用設備等の設置及び維持管理等については、用途ごとに消防法令に基づく規制がなされているので、ここでは特に注意する点を挙げました。

劇場・映画館

「特徴」

1　他用途と比較して、収容人員が多い。
2　有事の際に、群集心理が働き、パニック等が懸念される。
3　火災予防条例に基づく規制がある。（喫煙・火気使用・危険物の持ち込みなど）
4　公演中は照明を落としており、誘導灯を消す可能性がある。
5　避難階段は、割と多いが、パニック時を想定しなければならない。
6　防炎対象物品が数多く存在する。
7　特定用途で大規模な場合が多いため、消防用設備等が数多く設置されている。

「チェックポイント」

1　火気使用の制限等に係る規制の遵守状況の確認
2　定員管理の状況（定員表示等）
3　避難施設の維持管理状況（避難導線の確保・避難口の施錠・誘導の合理性等）
4　避難誘導体制の確認（消防計画との整合や従業員に対する聞き取り等）
5　客席の維持管理状況（席の固定、避難通路の幅員、立ち見席の制限など）
6　防炎規制の確認（暗幕・緞帳・じゅうたん・大道具用合板等）
7　誘導灯の消灯状況（公演時のみ消灯を認める場合あり）

飲食店

「特徴」

1　火気使用がある。厨房がある。火災予防条例による厨房設備の規制に留意する。
2　従業員の入れ替わりが激しい。従業員の防火安全教育の不徹底が見られる。
3　利潤追求のため、多くの客を収容するための店内配置としている。（実収容人員と法令算定人員が異なる）
4　酒類を提供する飲食店も多く、客の入れ替わりもあるため、吸い殻などの管理不徹底が見受けられる。
5　店舗面積を拡張したいため、違法増築等を行う場合がある。
6　二方向避難が確保されていない場合がある。
7　内装を変更しているケースがある。

「チェックポイント」

1　厨房設備本体及び付近の維持管理状況（可燃物との離隔距離・清掃状況等）
2　厨房設備（油脂を含む調理を行う場合）のグリス除去装置等の状況等
3　厨房用消火器の付加設置の有無
4　防火管理者の選任状況、訓練の実施状況等（従業員の入れ替わりが多いため）
5　避難施設の維持管理状況（避難階段等の管理・避難口の施錠）
6　内装変更等による消防用設備等の不備（自動火災報知設備の未警戒・誘導灯の視認障害など）
7　防災規制の確認（じゅうたん・カーテン・のれん等）

ホテル

「特徴」

1　客室が多数存在し、かつ、区画されているため、有事の際の情報伝達が難しい。
2　昼間帯と夜間帯では、収容人員が大きく異なる。（夜間帯の危険性が高い）
3　宿泊者が多い割には、従業員数が少ない。（特に夜間帯）
4　外国人や旅行者など、初めて利用する場合も多く、館内の地理に不案内である。
5　大規模なものについては、結婚式場や会議室等を併置し、多目的に利用している。
6　廊下、客室を含む各部屋、フロント周辺は、じゅうたんが敷かれている。
7　防犯対策等のため、避難口に施錠装置が設置されている場合がある。

「チェックポイント」

1　避難口の管理状況
（避難口の施錠装置は、有事の際に解錠できるものとなっているか）
2　避難施設の維持管理状況
（階段室等をリネン室代わりに使用していないか等）
3　防炎規制の確認（じゅうたん・カーテン）・寝具等の防炎状況の確認（行政指導事項）
4　火災予防条例規制の確認
（避難経路図の掲出、携行用電灯の常備）
5　夜間の防火管理体制の確認
6　厨房、ボイラー室等の火気使用設備の管理状況
7　消防設備等の管理状況
（特に避難誘導に関連する自動火災報知設備・非常放送）

百貨店

「特徴」

1　他の用途と比較して、大規模で収容人員が多いため、避難時にパニック等に陥る可能性がある。

2　夜間帯は閉店となるため、夜間帯の火災発生の可能性は低いが、閉店後に内装工事等を行う場合があり、夜間工事等による失火が想定される。

3　従業員のみが使用するスペース（バックヤード等）に商品を存置している場合がある。

4　フロア面積が広く、防火区画（面積区画）が形成されている場合が多い。

5　避難階段は多数存在するが、商品陳列の都合上、シャッター等により閉鎖する場合がある。

6　地階や上層階に飲食店舗が集中している場合が多い。

7　特産展やバーゲンセールなどのため、レイアウト変更が頻繁に行われる。

「チェックポイント」

1　防火区画、階段区画及びエスカレーター内の区画の形成障害の有無
（陳列棚等による防火戸・防火シャッター等の閉鎖障害）

2　商品陳列や広告等による誘導灯の視認障害の状況

3　バックヤードの通路・避難階段等の物件の存置による避難障害の状況

4　火気使用設備等の維持管理状況
（飲食店フロアの厨房設備を含む）

5　火災予防条例規制の確認
（禁止行為・避難通路の幅員・避難経路図の掲出等）

6　店内改装時等における火気管理の状況
（日ごろの防火安全対策の確認）

7　消防設備等の管理状況
（特に避難誘導に関連する自動火災報知設備・非常放送）

病院

「特徴」

1　入院患者等は、高齢者などいわゆる要配慮者である場合が多く、有事の際の避難誘導等が遅延するおそれがある。

2　通路等は比較的広く、整理されているが、関係者以外の出入りを禁止している区域が多く、各扉を施錠管理する場合がある。

3　外来患者が多く来院する昼間帯（特に午前中）の収容人員が多い。

4　火気使用場所は限定されているが、たばこの不始末による失火事案が比較的多い。

5　病室が多数あり、かつ、病室内もカーテン等で間仕切っているため、情報伝達が行いにくい。

6　入院患者の徘徊防止等のため、最終避難口を施錠管理している場合がある。

7　有事の際に、避難できない状態の患者が存在する。（手術室・集中治療室など）

「チェックポイント」

1　有事の際の対応状況の確認はもとより、出火防止対策を重点に確認する。

2　避難口の管理状況
（避難口の施錠装置は、有事の際に解錠できるものとなっているか）

3　防炎規制の確認（病室内の間仕切りカーテン）・寝具等の防炎状況の確認（行政指導事項）

4　夜間の防火管理体制の確認
（宿直職員の数・連絡通報体制など）

5　喫煙管理の状況
（喫煙場所・入院患者のライター等の管理状況）

6　危険物品等の維持管理状況

7　消防設備等の管理状況
（特に避難誘導に関連する自動火災報知設備・非常放送）

II 違反是正

第 1 章 違反処理の現状

1　はじめに

平成13年9月1日に発生した新宿区歌舞伎町ビル火災以降、各消防本部には消防法令違反是正の徹底という命題が与えられました。これまで防火対象物の関係者の自発的な意思による改善を求めることを中心としていた違反是正業務において、措置命令を躊躇なく発動するなど、行政権限を積極的に行使する手法に変換するものとして、消防法令の改正等が行われました。

歌舞伎町ビル火災以後も、全国的なニュースとなったものとして、量販店、グループホーム及びカラオケ施設の火災並びに温泉施設の爆発事故などが断続的に発生し、また、小規模社会福祉施設での火災発生に伴い、各消防本部では消防法令改正に伴う消防用設備等の設置指導などに取り組んできました。昨今の傾向として、このような火災事故が発生した場合の行政の指導のあり方などがクローズアップされるようになっており、各消防本部は、管内の同様施設の法令違反状況等の把握及び違反が存している場合の是正指導に取り組んでいます。

消防法という防火安全のルールは、いうまでもなく、当該防火対象物の関係者が順守すべきものであり、消防機関がその監督を行うことが本来の姿ですが、現実的には、消防本部が予防査察を通じて行う法令違反などに対する防火安全指導を素直に受け入れ、自発的に改善するケースはそれほど多いとはいえません。

このような背景があり、各消防本部では、社会生活の安全確保のため、予防査察による防火安全指導だけでなく、その後の違反是正事務にも取り組んでいく必要があります。

2　違反処理の現状

平成14年の消防法改正以降、全国的に違反是正支援センターを中心とした「**違反是正研修会**」が各地で開催され、違反是正を担当する職員のスキルアップが図られてきました。

この取組みの主な目的は、法改正により付与された権限の強化に呼応し、積極的に措置命令等の違反処理を実行することができるように、職員のスキルアップを図るためです。

法改正後の防火対象物に対する違反処理実績は、法改正直後、命令や警告などの違反処理件数は一時的に延びたものの、全般的に低迷しており、実際には違反処理に踏み切れていないという悪循環が生じています。

また、積極的に違反処理を実行している消防本部とそれ以外との区別化も散見され、本来ならば全国で画一的に実行されなければならない消防法令順守に係る事務に地域格差が生じている傾向にあります。

この様子だと大丈夫だと思うけど後で確認に来てまだ放置されているようなら物件除去命令の発出を検討しよう
えっ！初めての予防査察で命令ですか？

3　消防法令違反に至る理由

違反是正業務を推し進めていくためには、そもそも消防法令違反に至る原因について分析する必要があると思われます。ここでは、その原因について、それぞれの立場から考察してみたいと思います。

⑴　防火対象物の関係者の立場から

①　消防法令を知らない

防火対象物の関係者に限ったことではありませんが、社会一般の方々は、消防法令そのものを知らないのではないでしょうか。例えば、自家用車は車検を受けていなければ運行できないというようなことは、社会常識に照らし合わせて当然のように知っているわけですが、消防法令に伴う規制などについては、根本的な内容を含めて知らないという現状があると思います。

したがって、消防法令違反を犯していても、その事実を認知していないし、ましてや違法性の認識も有していないという現実があると思います。

②　火災の経験がなく、火災の怖さを知らない

社会一般の方々は、火災そのものを実体験していないため、火災がどれほど悲惨なものかを知らないということもあるのではないでしょうか。

自分のビルに消防法令違反があったとしても、現に火災を体験していないから、安全であるという誤った認識があり、また、一旦火災となった場合の悲惨さについてもよく分からないので、職務を通じて火災を経験している我々査察員の想像以上に、法律を守ろうという意識が低いといえるのではないでしょうか。

③　消防法令遵守にはお金が掛かる

法令基準に則り、防火対象物を適正に維持管理していくためには、竣工時の消防用設備等の設置をはじめとして、その後の法

定点検などが必要になってきます。防災機器の場合は、自分で設置したり、メンテナンスしたりするのは困難であり、そうなれば消防設備士などの専門業者に依頼しなければならず、当然ながら安くない費用負担が生じます。

消防用設備等については、有事の際に活躍する（？）ものですから、平常時は、設置していなくても故障していても、生活環境にさほど影響はなく、したがって、お金をかけて設置し維持管理することに対して、意外と無頓着になるのではないでしょうか。

(2) 消防職員の立場から

① 予防業務そのものを警防業務の副次的なものと思っている

新規採用職員の中に、予防査察や付随する違反是正事務に従事することを希望して入局してくる職員がどれほど存在するでしょうか。一般的には、火災現場や救急現場に憧れ、消防の世界を目指す方が圧倒的に多いという現実があります。また、警防業務と予防業務を兼任している職場環境などがあり、予防業務を警防業務の副次的な（補完的な）ものと考え、苦手意識が生じたり、わりと軽視しがちになってしまうということもあると思われます。

② 消防法令が難しくて、関係者に指導する自信がない

法令違反対象物に対する是正指導については、その是正のために費用負担が伴うケースが多いため、誤ったことを指導しないためにも、指導側として豊富な知識を有することが求められます。

また、消防法令はたびたび改正等がなされますが、どの消防本部でも定期的に人事異動があり、長期にわたって火災予防事務を専門的に担当する職員は限られているという現状もあり、消防法令全般を完璧に理解している職員が少なく、査察員のなかに

は、是正指導に自信がない方もおられるのではないでしょうか。

③　違反を是正させても目に見えた効果がない・評価されない

予防査察を通じて、違反対象物を覚知、違反是正指導に着手した後に、無事に法令違反が是正されたとしても、その効果が目に見えて表れるというものではないため、ある意味では、やりがいのない仕事のようなイメージがあるといえます。

加えて、関係者との折衝などでは、さまざまな苦難を乗り越えなければならないケースも多いのですが、現地指導を中心に行うことなどから、上司や組織から適正な評価を受けることが比較的少なく、違反是正に向けての熱意を欠く傾向もあります。

個々の違反処理事案の苦労は、現に担当している職員にしか分からない部分が多く、これまで担当した査察員の誰も手を付けていない悪質な違反をやっとの思いで完結させても、上司からの「お疲れさん」の一言で終わってしまう場合もあるのです。

(3)　消防組織の立場から

①　予防査察（違反是正）を実施する人員が不足している

昨今の火災予防行政を取り巻く環境は非常に厳しく、住宅用防災機器の普及啓発、法改正に伴う自動火災報知設備の整備促進、防火対象物定期点検及び特例認定への対応など、業務は増加する一方で、これらの事務を担当する人員は、なかなか増加していません。

この状況下で、どの消防本部も慢性的な人員不足に陥っている状況にあり、予防査察のみならず、違反是正事務にまで着手することは困難な状況にあるといえます。

②　違反是正に関する専門的知識を持つ職員がいない

重大な消防法令違反が存する防火対象物に対して、違反是正指導を継続して実施しても違反が改善されない場合、違反処理を実行することを検討しなければなりません。

違反処理を実行するということは、実務上、第一段階としては、行政指導の範疇である警告の発出ということになりますが、それでも改善しない場合は、命令を発出しなければならないことになります。そうなると、行政処分の執行ということになるわけですから、相手方がその処分に不服がある場合に、行政不服審査法に基づく不服申立てや行政事件訴訟法に基づく取消訴訟のことも考えておかなければなりません。また、更には行政手続法や国家賠償法についても視野に入れておかなければならず、それなりの専門的知識が必要になります。しかし、常日ごろから行政処分を頻繁に行っているわけではないので、専門的な知識を有する職員の育成もできず、結果的に違反処理に積極的に踏み込めない状況にあるといえます。

③　消防法令違反対象物が多いため、手が付けられない

慢性的な予防要員の不足ということもありますが、全国的な傾向として、これまで予防査察はある程度の実績は残していても、その後の追跡指導の徹底にまで踏み込んでいないことから、全般的に何らかの消防法令違反が存する対象物が数多く存在しています。

したがって、危険度が高い法令違反対象物があっても、他の違反対象物が数多くあるため、ややもすると平等性を重んじるばかりに、違反処理などに踏み切れない現状があると思います。

④　不景気の影響などで違反是正を強く指導できない

消防法令を遵守するためには、消防用設備等の設置及び維持管理や、その後の各種点検など、相当額の費用負担が伴います。防火対象物の関係者は、すべてお金持ちと

は限らず、ビルの維持管理に四苦八苦している違反対象物の関係者もあり、予防査察時に違反を発見しても、なかなか強く指導できないという心理が働く場合もよくあります。

消防法令違反を是正し、あるいは、維持していくためには、それなりの費用負担が伴うものなのです。

不景気でそこまで手が回らないよ
別に壊れていないからいいでしょ

4　どのような対応が必要か

それでは、これらの現実に対して、我々消防機関としてどのように考え、どのような対応をしていかなければならないか、項目ごとに考えてみたいと思います。

⑴　予防査察（違反是正）を実施する人員が不足している

現在、どの消防本部でも予防要員が不足していることは、紛れもない事実だと思います。

しかしながら、昨今の各自治体の財政状況のなかで、これから数年間に予防要員のみならず、消防職員の大量増員など、現実にあり得るのでしょうか。

公務員に対する風当たりが厳しいのは、公務員である我々が一番分かっているところであり、全国的には公安職である消防については、大幅な人員減にまでは至ってはいませんが、どの地方自治体も職員の減員は避けられない状況になっています。

そのようななか、人員増が認められるまで、予防査察やその延長にある違反是正事務を停滞させてしまってよいのでしょうか。

災害現場において、活動人員不足で「消火させることができなかった。延焼させてしまった」と言い訳をする消防本部はないと思います。

火災予防業務も例外ではなく、人員不足だからこそ、違反処理の実行など、積極的な取組みを行うことにより、効率的に違反是正事務を推進していくべきではないでしょうか。

(2)　違反是正に関する専門的知識を持つ職員がいない

違反是正事務が停滞する大きな理由として、「専門的な知識を持っている職員がいないから、なかなか違反処理まで踏み込むことができない」ということがよく言われています。

しかし、我々消防職員は、国家公務員ではなく各地方自治体の職員であり、消防本部相互間での人事異動は、まずあり得ません。そうなると、外から違反是正に関する専門的知識を有する職員が、救世主のように舞い降りてくるはずもないので、各々の消防本部で専門的知識を持ち、かつ、違反処理の経験がある職員を育成していかなければならないということになるのです。

「違反処理の専門家がいない」ということも、やはり違反処理をしない言い訳にしか聞こえないような気がします。

(3)　法令違反対象物が多いため、手が付けられない

そもそも、法令遵守の義務があるのは、防火対象物の関係者などになるわけですから、その義務を履行しない関係者が、法令自体を自ら理解し遵守していくべきものであるといえます。

しかし、法令による規制は複雑で難しく、前述のとおり、法令をよく知らない方々が多いわけですから、当然ながら、消防機関には予防査察等を通じて広く社会に法令を浸透さ

せていくという責務があります。

法令違反を是正しなければならないのは、防火対象物の関係者自身であり、守らせることができるのは、消防機関だけなのです。

そうなると、法令違反に対して手が付けられない状況にした責任は、当該消防本部にあるということになります。このことからも、ある意味では、これまでの業務怠慢に対する言い訳を言っていると批判されても仕方がないのです。

(4) 不景気の影響などで違反是正を強く指導できない

消防法施行令が施行されたころから、予防査察業務は本格的に実施されてきたのではないかと思います。現在までの予防査察業務は、もちろん例外はありますが、行政指導中心で、消防法令違反に対して、関係者の自発的意思による改善を促すことに終始してきました。

違反是正を担当する職員は、違反対象物の関係者とたびたび会って指導を行うことから、ときには関係者の経済的事情などまで知ることになります。

また、消防職員の職業規範として、「人の痛みが分かること」「思いやり」などが求められており、結果的に、違反対象物の関係者の事情を優先的に考慮し、違反是正を先延ばしにしてしまう傾向があると思います。

違反是正の真の目的は、社会生活の安全確保にあるわけですから、違反対象物の関係者よりも、その施設を利用する住民の利益追求のために、毅然とした対応が必要であり、ときには、心を鬼にして是正指導を行わなければならないのです。

本来ならば用途変更された場合消防署に届出を提出していただき原則として消防検査を受検していただかなければなりません
そうなのですか⁉知りませんでした

５　予防査察のあり方を考えてみよう

防火対象物に対する安全指導の中心的な存在である予防査察については、これまで長年にわたって各消防本部で実施してきました。

そこで予防査察の現状と、今後のあり方について考えてみたいと思います。

⑴　予防査察の実績

消防白書などを見ると、消防機関の立入検査件数は、ほぼ横ばいの状況であり、現状で400万を超える防火対象物に対して、約90万件の立入検査を実施しています。

実施率からすると21％程度であり、他の行政機関と比較して、また、全国に16万人程度しかいない消防職員の数からしても、予防査察を通じて、積極的に行政指導を行っているといえるのではないでしょうか。

また、予防査察は必ずしも１人で行うものではなく、所要時間も相当に掛かることから、この業務に対する業務負担は計り知れないほど大きなものであるといえます。

⑵　予防査察の手法と問題点

現在、全国で行われている予防査察の一般的な手法としては、事前通告を経て、当日、防火対象物に立ち入り、法令違反があれば現地指導を行い、その場で査察結果通知書を渡す、あるいは、消防署に帰った後に消防署長名で査察結果通知書などを交付し、関係者への違反是正指導を行っています。

この手法について、法令違反が存する対象物の関係者側から考察してみると、ごく常識的な関係者の場合、制服姿の査察員から現地で直接指導を受けたときには、まさに「消防法を守らなければならない」という強い心理が働くと思います。

でも、それから、１～２週間後に査察結果通知書が本人に届いたときに、多少は遵法を意識したとしても、査察日当日と比較すれば格段に遵法精神のレベルは低下していることでしょう。

そうするうちに、更に月日が経過し、1か月経っても2か月経っても消防署から連絡がない状態となり、半年も経過すれば、もはや自ら進んで法令違反を是正しようとは考えなくなるのではないでしょうか。

さらに、その対象物の違反が比較的重大な場合でも、関係者は、前述のように消防法のことをよく知らないので、「あの後、消防署から何も言ってこないから、ウチは大丈夫だ」と勝手に解釈してしまうのではないでしょうか。

(3)　予防査察の今後のあり方

これまでの予防査察では、実施件数や実施率に傾注するあまり、その後の追跡指導の徹底が十分になされていなかったという反省点が少なからずあるといえます。

予防査察時に法令違反を指摘するだけでは、もはやその違反が是正されることはないということをしっかり認識し、今後は、予防査察の実施よりも、むしろその後の指導に力点を置く必要があるのではないでしょうか。

そうなれば、予防業務に係るマンパワーや業務量からして、予防査察そのものの実施件数は減少するでしょうが、実効性という観点からは、これまでよりも有効であると思われます。

具体的手法としては、査察対象物の絞り込みや重点指導業種の選定などが挙げられるでしょう。

初めての担当なので追跡指導は私に担当させてください！

6　なぜ、違反是正をさせなければならないのか

今後の予防査察のあり方について、追跡指導など違反是正に力を入れていくとなれば、現地で違反を指摘するだけでなく、その後の折衝等が必要になるわけですから、ある意味では、「面倒くさい」ことをしなければならない場合も多々あります。

そうなれば、指導する査察員自身が、「なぜ、違反是正をさせなければならないのか」をしっかりと認識していなければならないと思います。

それでは、「なぜ、違反是正をさせなければならないのか」について、考えてみたいと思います。

⑴　消防は住民から絶対的信頼を得ている

現場活動を例に考えると、火災現場に出動し、防災のプロとしてテキパキと活動する消防隊の姿を見て、住民はとても安心感を持ちます。また、家人の体調が優れないので勇気を出して通報された方は、温かい手を差しのべる救急隊員を見て、頼りがいを感じます。

このように、消防は住民から絶対的信頼を得ており、そのことを我々消防職員は実感しているとともに、誇りに感じています。

これだけの信頼を得ているわけですから、当然ながら、予防行政に対しても十分に期待と信頼を寄せているのです。

住民の皆さんは、「消防法に違反しているビルなどは滅多にないし、仮に違反しているなら、使用できないはず」と思っておられるのではないでしょうか。そうなると、住民の認識と現実とには大きなギャップがあり、結果的には、違反を是正させきれていない点から、住民の信頼を裏切ってしまっていることになるのです。

⑵　住民は消防法令を知らない

我々消防職員は、社会一般の方々が消防法令のことをよく知らないということを認識しておかなければなりません。

防火安全のルールである消防法令を知らないということは、利用する対象物が危険かど

うかの判断が付かないということであり、重大な法令違反があって危険性が非常に高いビルなどを何の意識もすることなく、平気で利用してしまうのです。

一方で、我々防災のプロは、消防法令をよく知っており、利用する対象物の危険性を少なからず察知することができます。

法令違反を是正させないことは、このような不平等も生じさせているのです。

(3) 違反是正をさせることができるのは消防だけである

いうまでもなく、消防機関には消防法に基づき立入検査権が与えられ、法令違反が存する場合は、付与された命令等の権限を行使して、当該違反を是正させることができます。

この権限は消防だけに与えられており、かつ、消防は自治体消防であることから、区域内の違反是正は、その区域を管轄する消防本部だけしか行うことができないのです。

つまり、住民は火災予防行政に関して消防本部を選択することもできず、「この消防本部は違反是正に消極的だから、別の消防本部に担当替えしてほしい」などの選択権を有していないのです。

したがって、それだけ各消防本部の管轄地域に対する責任は重大であるということを認識しなければなりません。

(4) 被災するのは、違反対象物の関係者だけではない・むしろ他人が被害を受ける

ご存じのとおり、いわゆる一般民家には、消防用設備等などについて、火災予防上の法令規制は行っていません。

これは、民法など難しい話は別として、建物を所有又は占有している者については、自己の責任下において当該建物を管理し、処分することが原則であり、一般民家では、特定の者が居住していることから、自己の責任下で管理するという点で、消防用設備等規制を行っていないと考えられます。

平易にいうと、「自分の家が燃えても、他人

に迷惑をかけることがない」ということになるのでしょうが、このことを逆説的に考えると、消防用設備等の規制を受ける対象物については、ある意味では、当該対象物で火災が発生すれば、自己だけが被災するのではないといえます。

法令違反を知りながら、長年その違反を放置し安全に対して無頓着なビルで火災が発生した際に、法令違反とは全く無関係な方が被災するということを、規制する消防機関が重く考えておかなければならないのではないでしょうか。

(5) 世論は、行政に対して厳しい目を向けている

以前発生した兵庫県のカラオケ火災を例にとると、火災発生直後は、「通報時の適切な避難誘導指示や人命救助により、被害を最小限に食い止めた」というニュースが報道されたと記憶しています。

その後、火災原因や関係者の行動が明らかになるにつれて、カラオケ店関係者のずさんな火災予防対策や初期行動の不手際などが報道されました。

火災発生から1週間ほどの報道は、関係者の責任追及に終始したようですが、その後は、私の予想していたとおり、行政の監督、指導に目が向けられ、消防機関は結果的に苦しい立場に立たされることになりました。

この事案に限らず、昨今では、火災後の行政責任を問われるケースが多く、これからは特に火災予防行政について厳しい目を向けられることは、目に見えています。

安直に、「報道機関の批判を受けたくないから、違反是正を推進しなければならない」ということではありませんが、報道機関も住民の代弁者であるということを視野に入れて、我々消防機関は、違反是正に関して与えられた権限を適正に行使していかなければならないのです。

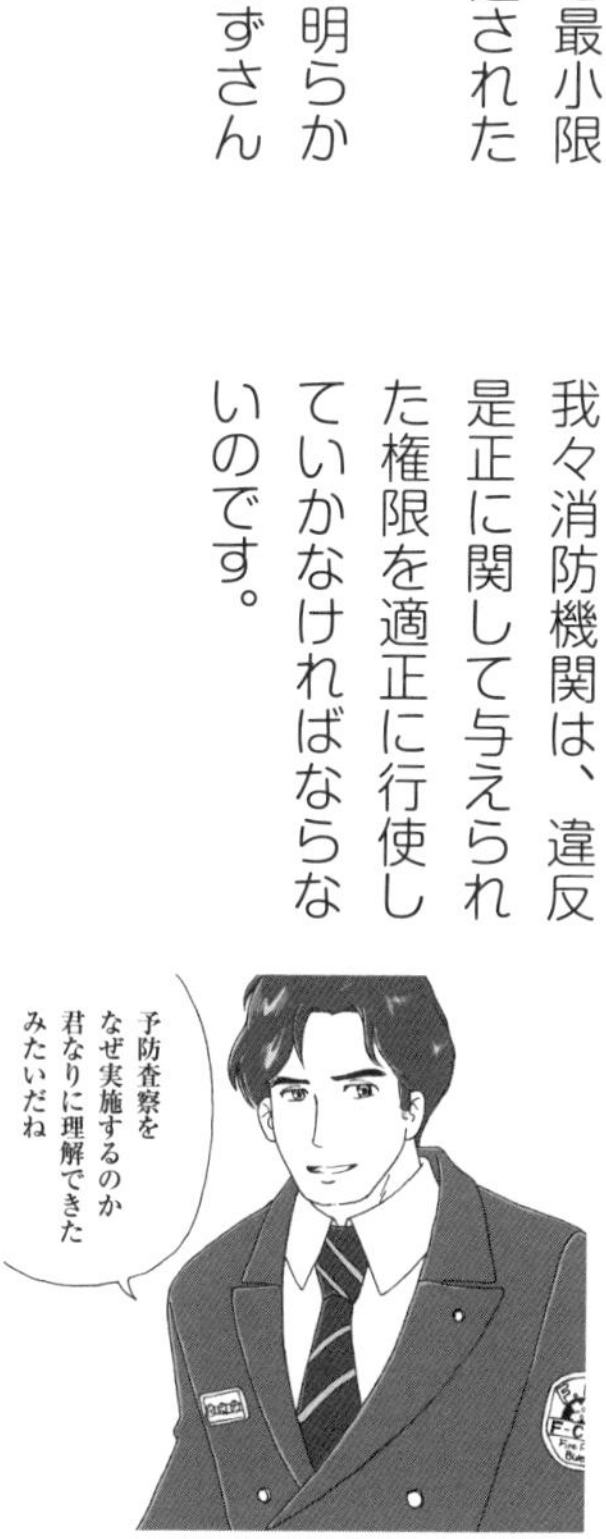
予防査察を
なぜ実施するのか
君なりに理解できた
みたいだね

7　違反是正を推し進めていくために

　これまで、長年にわたって実施してきた予防査察業務は、一定の成果を得ていることは間違いないと思います。

　しかし、火災発生後に問題が浮き彫りになる、あるいは、火災発生後の類似施設の調査において消防法令違反が数多く発見されるという現状下で、より良い予防査察業務に変革していく必要があるのではないかと思います。

　そのためにどうしていけばよいか、考えてみたいと思います。

(1)　消防は法令違反を絶対に許さないという強固な意思を持つ

　これまで述べてきたように、現状において、消防法令違反の是正に対して、防火対象物の関係者の自発的意思や努力だけではその目的が達成できないという前提に立ち、かつ、消防法令違反を是正させることができるのは消防機関だけであるということを踏まえ、消防本部組織自体、それから、予防査察業務を実施している個々の査察員が、法令違反を絶対に許さないという強い意思を持つことが求められます。

　これは、安直に「許さない」という程度のものではなく、「**絶対に許さない**」、かつ、「**例外や妥協は一切認めない**」というほど強固なものでなければなりません。

　消防法令を社会生活に浸透させることについては消防業務の一つでありますが、違反是正業務は消防本来の業務ではありません。しかし、それを実行しなければならないような状況に陥らせてしまったのは消防の責任であることを深く認識して、違反是正に取り組んでいかなければならないのです。

(2)　予防査察業務を再検証し、変えるべきところは躊躇せず変えていく

　一般的に、業務を大幅に変革するためには、ある意味で過去の業務を否定する場合もあり、違和感があります。

しかしながら、現状の予防査察業務には問題点が多く見受けられ、より実効性のある業務としていくために、各消防本部において、予防査察業務の現状をしっかり分析し、業務そのもので不合理と思われるようなものは削り、新たな取組みを導入していく必要があるのではないでしょうか。

具体的には、これまで、比較的軽視されがちであった追跡指導への取組みについて、追跡査察制度の導入や査察員の査察執行後の業務管理など、新たなものを考えていく必要があると思います。

査察業務は、限られたマンパワーで行っていますから、このことによって、査察実施率の低下は否めないとは思いますが、「査察を実施するだけ」「違反を指摘するだけ」よりも、違反是正率は明らかに高まっていくと考えられ、結果的に社会生活の安全確保につながっていくのです。

(3)　目標設定と目標管理を明らかにする

消防法令上、適正に維持管理がなされている防火対象物は現に存在しますが、消防法令の規制が複雑であることなどから、実務上は、「査察に行けば違反に当たる」というほど、消防法令違反は数多く存在していると思われます。

これまでの予防査察は、定期的に査察を実施する対象物を決めて、違反の有無にかかわらず実施しているという傾向が強いと思われます。しかし今後は、違反是正を最大の目的として、違反処理を含む違反是正を実施していく対象物を絞り込み、査察員を派遣するという手法が必要になると思います。

また、組織としては、違反是正を推進する対象物の具体的絞り込みを行ったうえで、該当対象物の個別管理を行い、「この対象物をいつまでに違反是正させる」という具体的な目標を策定する必要もあります。そうしたうえで、具体的目標に対する進捗状況等の管理を徹底することにより、違反是正業務は適正に行われていくと思います。

違反是正は、ときとして「できればやりたくない」という心理が作用するものですから、目標設定と目標管理はしっかりと行う必要があるのではないでしょうか。

(4) 消防本部間の共助が必要である

現状において、違反是正業務に対して積極的に取組みを実施している消防本部と、そうでない消防本部が存在していると聞いています。

でも、消防法令の規制や運用には、原則として地域差があるわけではなく、付随する違反是正業務についても地域差があってはならないのです。

消防業務では、例えば救助や救急の技術等について、消防本部間の交流は活発に行われています。

これからは、「違反是正」という共通の目的を推し進めていくために、いかに自治体消防とはいえ、違反是正業務で先行している消防本部が、積極的に情報やスキルの提供を行って、アドバイザー的な役割を担うことにより、警告や命令などの違反処理を躊躇している消防本部の活性化を図っていく必要があるのではないでしょうか。

予防査察も現場活動と同様に力を出し惜しみすることなく
住民のために一生懸命頑張ることが必要だよね

8　まとめ

最近では、賞味期限の偽装問題など、企業モラルの低下を起因とした社会問題が世間を騒がせています。

これは、平成18年4月に施行された「公益通報者保護法」が少なからず影響を与えているようですが、各企業では、コンプライアンス（法令遵守）の徹底が、今後の重要な課題になっています。

しかし、このことは、企業だけの課題ではなく、我々行政機関においても、今後、コンプライアンスに対する積極的な取組みを実践していく必要があるということになります。

違反是正業務におけるコンプライアンスとは、消防法令に基づき消防機関に与えられた権限を適正に行使することによって、社会生活の安全確保に寄与することになるのではないかと思います。

具体的には、立入検査権により防火安全上のチェックを行い、火災予防上、重大な違反があり行政指導による早期の是正が困難であると認められるときには、速やかに措置命令等により違反を是正させるということになると思います。

現在、防火対象物の安全確保のための消防機関の施策の中心的役割を担っている予防査察については、消防が社会生活に積極的に関与して、火災予防のルールともいえる消防法令を広く社会に定着化していくために、必要、かつ、重要な業務です。

予防査察を実施する側としては、単に実施するだけ、違反を指摘するだけではなく、個々の査察員が、違反処理を含む違反是正を適正、かつ、着実に実施することにより、社会全体のコンプライアンスの徹底につながっているということを常に認識して予防査察業務に取り組んでいけば、今後、起こり得る惨事を未然に防ぐことができるのではないでしょうか。

どうせ改善するならしっかりやりたいからいろいろ教えてくれないかな
消防署に行くから

第2章　違反処理の実務

1　違反処理とは何か

違反処理とは、用語上は「法令違反を排除するための行政上の措置」ということになります。

各消防本部では、火災予防違反処理規程等で、その区分を明確にされていますが、その種類については、

・警告・命令・許可の取消し・特例認定の取消し・告発・過料事件の通知・代執行・略式の代執行・免状等の返納命令要請措置

が挙げられます。

したがって、実務上の違反処理とは、「**警告以上の措置を講じること**」がそれに当たると考えてよいと思います。

警告については、査察後に関係者に送達する査察結果通知書や勧告書と同様で、関係者に対して関係者自身の自発的意思で違反是正を促す行政の意思表示になりますから、行政学上は「**行政指導**」に当たります。なお、「**行政処分**」は、命令など、強制力のある意思表示になりますが、前述のとおり、違反処理は警告以上の措置ですから、「行政処分＝違反処理」ということにはなりません。

違反処理　＝　警告以上の措置を講じること

≠

強制力のある…　行政処分　⟷　自発的意志を促す…　行政指導　＝　警告

違反処理の出発点は、「関係者の自発的是正の限界」といえるため、警告については、命令の予告的役割があるといえるでしょう。

また、違反処理の終結点は、いうまでもなく、警告や命令などの措置の実行のみではなく、違反そのものが是正された時点であるといえます。

２　違反処理を担当するときの心構え

違反処理業務については、「孤独」「人から感謝されるような仕事ではない」「根気と熱意が必要」などのことから、担当者自身が、「なぜ、違反処理を実施しなければならないか」ということを十分に理解しておく必要があります。

違反処理は、対象物の関係者のためだけに実施するものではなく、究極的には住民の安全確保のために実施するものですから、災害現場活動と同様に、人命にかかわる崇高な任務であり、他の行政サービスよりも優先して実施していかなければなりません。担当者としては、そのことを常に意識して業務に携わる必要があります。

災害現場活動のように、人から感謝されるような業務ではなく、やりがいのない仕事のようにも思えますが、個々の違反対象物において、これまで誰も違反を是正させることができなかったものを、自分自身の根気や熱意によって違反が是正されたときの喜びや達成感は、大きなものがあると思います。

消防の実施する業務は様々ですが、どの業務でも住民の安全確保のために必要なものであり、その業務を遂行するために、自己の持つ経験やスキルを出し惜しみすることなく、全力を尽くして対処しなければなりません。

違反処理の担当者として、難しいことも多々あるかもしれませんが、まずは、「災害現場活動も違反処理業務も、同じ想いで業務に取り組む」という心構えが必要なのではないでしょうか。

張り切っているみたいだね
でも査察員として「絶対守らなければならないこと」があることは理解できているかな？

3　違反処理は対外交渉

査察員は、予防査察を通じて消防法令違反を覚知した場合、関係者に必要な改善指導を行います。その際に、関係者が自発的に改善するならば、違反処理業務は必要ありません。

しかし、違反処理業務において、その対象物の関係者と違反是正担当者との意見の不一致があった場合には、何らかの交渉事が発生することになります。

消防職員は、その職務内容から、営業職のような対外交渉を行うことが、他の職務と比較しても極端に少ないといえます。

また、消防職員には、理屈ではなく、自己の心身を切磋琢磨し黙々と修練するといった、いわば武士道的な精神が、諸先輩から引き継がれているのではないでしょうか。

しかしながら、違反処理業務については、黙していては仕事にはなりません。

極端にいえば、黙って淡々と警告や命令などの事務を進めていけばよいわけですが、実際は、関係者と頻繁にやりとりがあり、ときには、もめ事に発展したりする場合があります。

もちろん、「消防法第○○条違反に該当」ということで、担当者は十分に説明を行うでしょうが、その程度の説明で納得して義務を履行するようならば、わざわざ警告や命令を発出するまでもなく、違反は是正されるでしょう。

そうなると、違反対象物の関係者に対して、ありとあらゆる手法を用いて折衝し、関係者が納得する、しないにかかわらず、現に行動させなければならないわけですから、対外交渉術の錬磨が必要不可欠になります。また、違反処理の終結地点は、当該違反の是正完了のときとなるので、警告や命令などの違反処理を実行した後にも、違反是正に向けての交渉が必要になります。

違反処理実行後には、関係者との良好な関係が保てない状況になることは、当然ながら予想されることであり、対外交渉のスキルを向上させることについて、担当者自身も組織としても、今後、課題として研究していく必要があると思います。

それから
これは私の失敗談でも
あるのですが
同じような説明を
しても、理解して
もらえる場合と
急に怒り出す
場合などがあり
接遇の難しさは
常に肝に銘じて
おくようにして
います
う～ん
そのところは
経験しか
ないのかなぁ…

4　警告とは何か

警告は、行政指導に分類され、実務的には、関係者の自発的意思による改善を促す文書（口頭の場合もある）を発出することになります。

ただし、実際に警告書の文面を見てみると、

「この警告に従わない場合は、消防法の規定により処罰を受けることがある」
（↑直接罰則の適用を受ける義務違反）

「この警告に従わない場合は、消防法第○条の規定に基づき命令を行い、標識等により公示する」
（↑命令が前置きされている義務違反）

といった、自発的にというよりは、むしろ強制力を伴うような強い表現となっています。

このように強い表現になっていることもあり、社会一般の方々が行政指導の警告書と行政処分の命令書の違いを理解していることはまれです。警

告書であっても、受け取った際に「警告処分の撤回を要求する」など、訴訟を起こすような剣幕で怒鳴り込んでくる場合も考えられます。

各地の消防本部でも、査察結果通知書や勧告書などについては数多く発出しているようですが、警告書となると、発出するのに躊躇している傾向が強いようです。

警告の特徴として、次のようなことが挙げられます。

⑴　違反処理の第一ステージである

「違反是正」と「違反処理」という言葉がありますが、違反是正については、文字どおり、消防法令違反を是正する（させる）ことで、包括的な意味を示しており、違反処理については、消防機関が消防法令違反を排除するための行政上の措置をとることを示しています。

警告は、命令（直罰の場合は告発）の予告的な意味を有しており、違反処理の第一ステージということになります。

このことから、いかに行政指導とはいえ、名宛人の特定、履行期限の設定及び根拠法令の適用などについて、慎重に対処する必要があります。

⑵　履行期限がある

命令についても同じですが、作為義務（何々を行うことなど）を課す場合には、履行期限を明示しなければなりません。具体的には、「令和○○年○月○日までに履行すること」というような表現になります。

履行期限の設定は、相手方との交渉によって決定するものではなく、行政庁が当該義務を履行するのに必要な客観的期間を算定し決定します。

履行期限を過ぎても、なお義務の履行がなされていない場合は、次期措置の実行を検討しなければならないわけですから、違反処理の担当者からすると、この履行期限内に履行させないと、更なる事務が発生することになります。

違反処理の経験が少ない担当者の場合、警

告を発するまでの作業や事前調整に全力を尽くすために、警告を出すことが最終目的のような感覚に陥り、警告書を交付した後、ついつい気が抜けてしまうという傾向があるようです。

しかしながら、むしろ大切なのは、警告後にどのように追跡を行うかということであり、追跡指導を怠ると、履行期限の経過後には、結果的に担当者自身が苦しむことになるのです。

(3)　警告に従わなければ命令（告発）

違反是正に対して、積極的に取り組んでいくことは非常に重要なことなのですが、「この防火対象物の関係者は悪質だから、とりあえず警告を出しておこう」など、いわば感覚的に警告を発するということは、到底認められるものではありません。また、事態が打開しないにもかかわらず、何度も何度も警告を発出することについても、否定的に考えざるを得ません。

さらにいえることは、警告を発出して履行期限を大幅に過ぎても、何もしていない場合が想定できますが、このようなことを行えば、後々の事務に支障を来す結果となり、仮に次の担当者が違反処理を行おうと思っても、その理由付けなどにとても苦慮します。

したがって、警告を行うならば、その後の措置のことも十分に視野に入れて、意思決定をしなければならないのです。

ただし、「命令をしたくないから、警告もやらない」という後ろ向き理論は、到底容認できるものではありません。

5　警告時の作業

警告を発出する際は、特に緊急に行う必要がある場合を除いて、警告書を発出することになります。ここでは、簡単に警告時の作業を説明します。

(1)　実況見分

実況見分は、違反事実を確認するとともに証拠保全のために現場へ出向して、消防法令違反の状況等を現認して調査をすることです。

・作業的には、現場において寸法等の計測及び写真撮影を行い、実況見分調書を作成することになります。

・最終的な目的は、端的にいうと、行政が行う処分の妥当性を担保し、告発を行う際の証拠資料として添付するためにあるといえます。

・警告は行政指導ですから、必ずしも実況見分を実施する必要性はないかもしれませんが、違反処理を行ううえで、早期の段階で証拠固めを行っておくことが、特に行政庁として不利益になるものでもないため、むしろ積極的に実施すべき作業といえます。

・大人数の消防職員が、現地で測量や写真撮影を行うわけですから、実務的な効果として、違反関係者が、「今までと違う」「消防が本気になっている」という心理になり、現に、実況見分後速やかに違反が是正されたという事案もありました。

・警告をしたからといって、すべて実況見分を実施しなければならないということではありません。

・防火管理関係、例えば、防火管理者未選任に係る警告を行う場合などは、防火管理者の選任の有無が問題視されるので、現場で実況見分を行う必要性が低い場合もあると思われます。

(2)　質問調書

質問調書作成の最終的な目的は、実況見分と同様であると思われますが、違反事実や名宛人の確定に際して、相手方から直接供述させるという点においては、非常に重要な作業になります。

・具体的な作業については省略しますが、こちらがすべてシナリオを作って、被質問者に署名、押印だけさせるようなやり方では、証拠能力の信憑性を問われることにもなるので、しっかりと時間をかけて正確に実施する必要があります。

・違反処理を実施する場合に、質問調書の作成が絶対必要であるかは、例えば、消防用設備等の未設置対象物に対して、消防法第17条第１項違反として、消防法第17条の４第１項に基づく措置命令を前提とした違反処理に移行する場合について考えてみると、当然ながら、実況見分が必須となるため、名宛人の特定等に関しては有用かもしれません。しかし、「消防用設備等は、何項で何㎡以上あれば設置しなければならない」などの規制になっており、実況見分だけで十分に証拠固めができる場合もあります。

(3)　名宛人の特定

名宛人の特定については、特に慎重に行う必要があります。消防法では、名宛人の適格を有する者として「権原のある関係者」や「管理について権原を有する者」という用語がよく出てきます。

・「権原」とは、ある法律的又は、事実的行為を行うことを正当ならしめる法律上の原因を指します。

・具体的には、私法上の所有権、賃借権、使用借権、不動産質権や公法上の管理権のほか、これらの権原に基づく二次的な管理権、例えば、委任や職務命令による管理権も含まれます。

・管理について権原を有する者、つまり管理権原者とは、私法上防火対象物の管理を正当化ならしめる原因を有する者（例えば、所有者や使用貸借（民法第593条）関係における使用借主及び賃貸借（民法第601条）関係における賃借人等）はもちろん、公法上防火対象物の管理権原を有する者は、その範囲において管理権原を有する者とされています。

・ 実務的な特定方法としては、対象が個人であるならば、戸籍謄本、住民票及び不動産登記事項証明、法人であるならば、不動産登記事項証明に加えて商業登記事項証明により確認します。

(4) 警告書の作成

具体的な記載要領については後述しますが、実務として留意しておかなければならないことを述べたいと思います。

① 消防法の規定以上の要求をしない

例えば、消防法第8条第1項の防火管理者の選任に係る指示について、通常の予防査察などでは、「防火管理者を選任して、○○消防署長に届け出ること」という指示を行うのが一般的です。

しかし、消防法第8条各項の条文を読むと、防火管理者の選任については、義務違反に対して同条第3項命令（防火管理者選任命令）を発出することが可能ですが、同条第2項の届出の義務については、命令規定は存在せず、直接罰則の適用を受けることになります。

したがって、同条第3項の防火管理者選任命令は、選任を命じることはできても、厳格にいうと届出を命じることはできないということに留意する必要があります。

警告は、行政指導ですから、柔軟に考えることも可能と思われますが、命令に移行する場合などは、これらのことも踏まえて対処する必要があります。

② 現に法令違反があるか確認する

警告を含む違反処理とは、「法令違反を排除するための行政上の措置」を指すものであり、逆説的にいうと、法令違反が存在していない場合は、体裁上「警告書」という文字を用いても、違反処理上の警告にはなりません。

例えば、あるビルで避難上重大な障害があるという状況があり、消防法第5条の3

第１項に基づく消防職員の物件除去命令を発出し、履行期限内に義務が履行されたものの、再度、物件放置のおそれがあるという事案に対して、再発防止の観点から、「今後、物件を存置しないこと」といった内容の警告書なるものを関係者に発出したとします。

厳密にいうと、義務違反があり、措置命令を発して履行を確認した時点で、法令違反は消滅しているわけですから、この事案の警告書（？）については、あくまでも再発防止の措置であり、違反処理上の警告には該当しないことになります。

⑸　決裁・送達

各消防本部にある違反処理規程や違反処理要綱に基づき、決裁を経たうえで、相手方に対して、警告という意思表示を伝える必要があります。

違反処理標準マニュアルなどでは、その方法は、原則として手交（直接手渡す）することとなっており、できる限りこの方法で行うことがベストであるといえます。

ただし、相手方が異常に感情的になっている場合など、状況によっては逆に手交しないことがよい場合もあります。その他の方法については、配達証明付内容証明郵便や差し置きなどがあります。

後からのトラブルを避けるため、発出後は相手方から受領書を提出させる必要もあります。

⑹　徹底した追跡指導

前にも述べましたが、警告は命令等の事前予告的な役割があるので、警告を行った後の相手方に対するアプローチが、より重要になります。

警告を発出したあとは、ややもすると相手方が感情的になる場合もありますが、違反処理の目的は、警告や命令を発することではなく、当該違反を是正させることであることを踏まえて、徹底した追跡指導を行う必要があります。

でも
そもそも消防法令は
ビルなどの関係者が
守るべきルール
なのに
責任者
テナント募集

6　警告書作成の留意事項（その1）

「警告は、違反処理の第一段階である」と述べましたが、なかなか警告まで踏み込めない消防本部も多くあると聞いています。ここでは、警告書の作成要領について、やや詳しく取り上げてみたいと思います。

(1)　履行期限を明記しなければならない

警告については、他の行政指導文書と異なり、不作為義務を除き履行期限を設定しなければなりません。この場合、原則として消防機関がその履行期限を客観的に算定し、複数の警告事項がある場合は、それぞれの事項について、履行期限を明記する必要があります。

(2)　履行期限の記載箇所

マニュアル等では、原則として、履行期限は警告事項の冒頭に記載することになっています。しかし、一つの警告事項のなかで複数の指示をするようなときは、冒頭ではなく中間（最終的な指示の前）に履行期限を明記するという方法もあります。

例　消防法第8条第1項（防火管理者選任義務）及び第2項（届出義務）
防火管理者を選任し、令和○○年○○月○○日までに○○消防署長に届け出ること。

この場合、マニュアル等では、「令和○○年○○月○○日までに、防火管理者を選任し○○消防署長に届け出ること」となっている場合が多いですが、消防の最終目的は、防火管理者の選任だけでなく届出になるわけですから、前述のように最終的な指示の直前に履行期限を記載するという工夫があってもよいと思われます。

(3) 警告はできても、命令ができない場合がある

警告は行政指導であり、関係者に自発的是正を促す意思表示であるため、命令規定がない直罰の届出や報告についても、警告事項として指示する場合があります。しかし、上位措置の命令は、行政処分であり、関係者に対して行政側が義務を課すものであるため、命令規定がない直罰の届出や報告については、原則として命令内容とすることはできません。

例えば、防火管理者の選任及び届出についての警告では、選任及び届出を指示することは可能ですが、届出の義務違反は消防法第8条第2項の規定により直罰となっているため、届出を命じることはできないのです。

(4) 命令と直罰について

警告では、直罰の事項も間接罰（命令規定があるもの）の事項も改善指示することができますが、直罰となっているものについては、命令を発出できないため、「この警告に従わないときは命令する」という記載ではなく、「この警告に従わないときは、処罰を受けることがある」という記載が必要となります。

例　消防法第8条第2項（防火管理者届出義務）、同法第8条の2の2（防火対象物点検報告義務）、同法第17条の3の3（消防用設備等点検報告義務）

でもあのビルは
問題点が多いから
これからの改善指導が
大変だよ
マドロス
龍元
英会話
英会話
2F

7　警告書作成の留意事項（その2）

それでは次に、警告書の具体的作成例について、詳しく述べてみたいと思います。

警告書は、次のような様式により作成しますので、記載例などについて紹介します。また、詳細については、各消防本部の違反処理規程の様式等で定められている場合が多いため、ここでは、一般的な事項を紹介します。

警告は、複数の警告事項を1枚の警告書で作成することがあるため、文面もいろいろな場合が想定されます。

警告書の様式例

消指第〇〇〇号
令和〇〇年〇〇月〇〇日

〇〇県〇〇市〇〇町〇丁目〇番〇号
医療法人　〇〇〇病院
理事長　〇〇〇〇様

Ｆ市消防局
〇〇消防署長　〇〇〇〇印

警　告　書

所　在　〇〇県〇〇市〇〇町〇丁目〇番〇号
名　称　医療法人 〇〇〇病院
用　途　〇〇〇〇

A
上記対象物は、消防法第８条の３第１項違反と認めるので、下記のとおり履行するよう警告する。
なお、この警告に従わない場合は、消防法第５条第１項の規定に基づく命令を行う事がある。
命令を行ったときは、当該防火対象物に受命者の氏名、命令内容等を記載した標識の設置等により公示する。

記

B
警告事項
令和〇〇年〇月〇日までに、病室で使用している全てのカーテンを防炎性能を有するものにすること。

(1)　A（前段部分）についての文例

①　警告事項が一つの場合（命令規定がある違反の場合）

> 上記対象物は、①消防法第○条第○項違反と認めるので、下記のとおり履行するよう警告する。
> なお、この警告に従わないときは、②消防法第5条第1項の規定に基づく命令を行うことがある。
> 命令を行ったときは、当該防火対象物に受命者の氏名、命令内容等を記載した標識の設置等により公示する。

②　警告事項が一つの場合（直罰規定で、命令規定がない違反の場合）

> 上記対象物は、消防法第○条第○項違反と認めるので、下記のとおり履行するよう警告する。

①と②の部分について

警告事項が一つである場合は、違反となる根拠法令を明記します。また、命令の根拠条文についても明記することになります。

①の部分について

防火管理者選任義務のない防火対象物で、消防用設備等の点検未報告のものなど、直罰が想定さなお、この警告に従わないときは、①消防法第○条第○項により処罰されることがある。

③　警告事項が消防法第5条関係の場合

上記対象物は、①火災が発生したならば人命に危険であると認めるので、下記のとおり履行するよう警告する。

なお、この警告に従わないときは、消防法第5条第1項の規定に基づく命令を行うことがある。

命令を行ったときは、当該防火対象物に受命者の氏名、命令内容等を記載した標識の設置等により公示する。

れている場合は、このような記載方法になります。

ただし、消防用設備等点検未報告の場合、防火管理者選任義務がある防火対象物に対しては、消防法第8条第4項（防火管理業務適正執行）を根拠に命令をすることが可能であるとされています。

①の部分について

消防法第5条第1項及び同法第5条の2第1項は、前提となる義務規定がないので、警告を行う場合（同法第5条関係の場合、そもそも警告は馴染まないかもしれませんが）、「消防法第5条第1項違反と認めるので」というように、条文を記載するのではなく、「消防法第5条第1項に基づき」「消防法第5条第1項に基づき」例のように命令を行う理由を具体的に記載します。

④　警告事項が複数の場合（直罰の規定がある警告事項を含む場合）

> 上記対象物は、①消防法令違反と認めるので、下記のとおり履行するよう警告する。
> なお、この警告に従わないときは、消防法の規定に基づく命令を行うことがあり、②下記警告事項○については、処罰されることがある。
> 命令を行ったときは、当該防火対象物に受命者の氏名、命令内容等を記載した標識の設置等により公示する。

①の部分について

警告事項が複数ある場合、すべての義務規定を記載するのは煩雑になるため、違反条文が二つの場合は「消防法第○条及び消防法第○条違反」など、おのおの条文を、三つ以上の場合は総称して「消防法令違反」と記載します。

②の部分について

複数の警告事項で、上位措置に命令が想定され、かつ、直罰も含まれているような場合は、例のような記載方法になると思います。

(2)　Ｂ（警告事項）についての文例

①　消防法第5条関係

防火設備

> 令和○○年○○月○○日までに、（場所）から（場所）に面する部分の○○（防火設備とするべきもの）を防火設備とすること（建築基準法施行令第112条第11項）。

防火区画

> 令和○○年○○月○○日までに、上記防火対象物の（場所）は、当該部分とその他の部分とを防火区画とすること（建築基準法施行令第112条第11項）。

②　消防法第8条関係

防火管理者選任

> 防火管理者を選任し、令和○○年○○月○○日までに、○○消防署長に届け出ること（消防法第8条第1項及び第2項）。

消防計画

> 防火管理者に消防計画を作成させ、令和○○年○○月○○日までに、○○消防署長に届け出ること（消防法第8条第1項、消防法施行規則第3条第1項）。

避難訓練

> 令和○○年○○月○○日までに、防火管理者に上記防火対象物の消火、通報及び避難の訓練を実施させること。なお、実施する際は、あらかじめその旨を○○消防署長に通報すること（消防法第8条第1項、消防法施行令第3条の2第2項、消防法施行規則第3条第10項及び第11項）。

③　消防法第8条の2関係

統括防火管理者選任

> 防火管理上必要な業務を統括する防火管理者を、当該防火対象物の他の管理権原者と協

議して定め、令和○○年○○月○○日までに、○○消防署長に届け出ること（消防法第8条の2第1項及び第4項）。

全体についての防火管理に係る消防計画

統括防火管理者に防火対象物の全体についての防火管理に係る消防計画を作成させ、令和○○年○○月○○日までに、○○消防署長に届け出ること（消防法第8条の2第1項及び消防法施行規則第4条第1項）。

④　消防法第8条の2の2関係

防火対象物点検報告

防火対象物点検資格者に、上記対象物における防火管理上必要な業務が総務省令で定める基準に適合しているかどうかを点検させ、その結果を令和○○年○○月○○日までに、○○消防署長に報告すること（消防法第8条の2の2第1項）。

⑤　消防法第8条の3関係

防炎物品

令和○○年○○月○○日までに、（場所）で使用している（物品）は、防炎性能を有するものにすること（消防法第8条の3第1項）。

⑥　消防法第8条の2の4

避難管理

令和○○年○○月○○日までに、有事の際に避難上重大な支障となる○側○階踊り場部分の物件を除去すること（消防法第8条第1項、消防法第8条の2の4）。

⑦　消防法第17条関係

消火器

令和○○年○○月○○日までに、地下1階に消防法で定める技術上の基準に従い、消火器を設置すること（消防法第17条第1項、消防法施行令第10条第1項第5号）。

屋内消火栓設備

令和○○年○○月○○日までに、対象物全体に消防法で定める技術上の基準に従い、屋内消火栓設備を設置すること（消防法第17条第1項、消防法施行令第11条第1項第○号）。

令和○○年○○月○○日までに、屋内消火栓設備の機能不良（放水不能）を消防法で定める技術上の基準に適合するよう改修すること（消防法第17条第1項）。

自動火災報知設備

令和○○年○○月○○日までに、対象物全体に消防法で定める技術上の基準に従い、自動火災報知設備を設置すること（消防法第17条第1項、消防法施行令第21条第1項第○号）。

令和○○年○○月○○日までに、○階未警戒部分に消防法で定める技術上の基準に従い、自動火災報知設備の感知器を設置すること（消防法第17条第1項、消防法施行令第21条第1項第○号）。

令和○○年○○月○○日までに、○階○○に設置されている自動火災報知設備の受信機は消防法で定める技術上の基準に従い、再鳴動機能付きのものとすること（消防法第17条第1項、消防法施行令第21条第2項、消防法施行規則第24条第2号ハ）。

避難器具

令和○○年○○月○○日までに、2階、3階及び4階に消防法で定める技術上の基準に従い、避難器具を設置すること（消防法第17条第1項、消防法施行令第25条第1項第5号）。

令和○○年○○月○○日までに、3階と4階の避難器具は消防法で定める技術上の基準に従い、一動作式の避難器具とすること（消防法第17条第1項、消防法施行令第25条第2項、消防法施行規則第27条第1項第1号ハ）。

誘導灯

令和○○年○○月○○日までに、対象物全体に消防法で定める技術上の基準に従い、誘導灯を設置すること（消防法第17条第1項、消防法施行令第26条第1項）。

令和○○年○○月○○日までに、○階の主要な避難通路に消防法で定める技術上の基準に従い、通路誘導灯を設置すること（消防法第17条第1項、消防法施行令第26条第1項、消防法施行規則第28条の3第3項）。

⑧　消防法第17条の3の3関係

消防用設備等点検報告

消防用設備等（設備の種類）の法定点検を実施し、令和○○年○○月○○日までに、○○消防署長に報告すること（消防法第17条の3の3）。

屋内消火栓は初期消火のための重要な設備です
そりゃ～そうだけどさ～
消火栓
このようにボックス前に荷物を置き開閉できない状態だと有事の際に迅速に初期消火ができませんよね

8　警告の履行期限経過後の流れ

警告という行政指導の最終手段によって、義務の履行がなされない場合、その後の措置に向けて行動する必要があります。具体的な流れについては、次のとおりです。

(1)　実況見分

- 警告の履行状況の確認は必ず行わなければなりません。その際に、併せて命令（告発）に向けて、現場において実況見分を行えば、より合理的です。
- 警告の履行期限を過ぎているので、相手方が拒否することも十分に想定しておく必要があります。
- 消防法第8条関係（防火管理関係）のみの違反の場合は、状況に応じて実施します。
- 消防法第8条関係でも、第3項の防火管理者選任の命令については省略可能の場合がありますが、第4項の防火管理適正執行の命令については、その違反内容により実況見分を行うことが妥当な場合もあります。

(2)　質問調書の作成

- 状況に応じて、関係者に任意出頭要請を行うなどして「質問調書」を作成します。必ずしも消防署に呼び出す必要はありませんが、ホームグラウンドで行ったほうが、何かとこちらには有利になります。
- 消防法第17条関係（消防用設備等の設置及び維持関係）のみの違反の場合は、実況見分で事実認定等が十分に可能であれば省略できる場合があります。
- 消防法第17条の4（消防用設備等の設置維持命令）でも、単に設置を命ずるだけならば省略可能な場合がありますが、維持を命じる場合は、通常の維持管理状況について関係者からの供述をとっておいたほうがよいでしょう。

(3)　違反調査報告書の作成及び報告

消防本部によって違いはありますが、一般的には、実況見分などの違反調査を行った場合、調査者は、違反処理規程及び違反処理要綱に基づき違反調査報告書を作成し、次に挙げる書類などを添付して、消防長又は消防署長に報告しなければなりません。

① 実況見分調書（作成した場合に限る）
② 質問調書（作成した場合に限る）
③ 警告書・査察結果通知書等の写し
④ 写真説明表
⑤ 今までに作成した違反処理関係書類

(4) 弁明の機会の付与の通知書の作成及び交付

- 警告の段階では不要ですが、命令は不利益処分に当たるため、行政手続法第13条第1項第2号に基づき、不利益処分を受ける関係者に対し、原則として書面による意見陳述の機会を与え、処分についての判断を行う手続、いわゆる弁明の機会の付与を行わなければなりません。
- 緊急性がある場合や不利益処分（命令）の種類によっては不要な場合があるので、各消防本部の違反処理規程等を確認してください。
- 交付については、各消防本部で様式が決まっていると思いますが、提出期限については、行政手続法では明確な規定は特にありません。一般的には、送付から1週間から10日間が目安となるでしょう。
- 弁明の書面が提出期限を過ぎても提出されない場合は、弁明を行ったものとするとされていますが、相手方に対して確認を行っておいたほうがよいでしょう。

(5) 命令の決定

- 弁明の機会の付与を行い、弁明書の提出がなされた場合は、当該弁明の結果を十分に斟酌して命令事項を決定しますが、命令を行うことが妥当でない場合（当該防火対象物が閉鎖・解体した場合等）以外は、違反処理の経緯を踏まえ、遅滞なく命令を発動することになります。
- 例えば、「金銭的に都合がつかない」などの弁明については、命令を留保する正当な理由には該当しません。

・ 弁明の機会の付与を行うのは、不利益処分（命令）の実行を前提としたものであることから、とりあえず弁明の機会を与えて様子をみて、正当な理由もないのに不利益処分（命令）を行わないということは、失当といわざるを得ません。

(6) 標識等による公示

・ 不利益処分（命令）を発出した場合の公示については、消防法第3条命令など一部を除き、必ず行わなければなりません。

・ 消防法では、第5条第3項において、「標識の設置その他総務省令で定める方法により」公示を行わなければならないとしており、総務省令で定める方法とは、消防法施行規則第1条により、「公報への掲載その他市町村長が定める方法とする」とされています。

・ したがって、どの消防本部も、消防法令に基づき標識の設置及び公報への掲載は、必ず行わなければならないということになります。

・ その他市町村長が定める方法とは、各市町村の火災予防規程や違反処理規程などに規定されている場合があり、各消防本部によって異なりますが、次のような方法が挙げられます。

> ・ 市役所本庁舎、消防本部庁舎、命令を発出した消防署の本署及び各出張所の掲示場
> ・ 各消防本部ホームページ

(7) 告発の検討

・ 直接罰則の適用がある、いわゆる直罰に対応する警告を行った場合は、その後に命令を行うことができませんから、警告を発する段階から告発を視野に入れておかなければなりません。

・ 命令については、履行期限を経過しても、なお履行の確認がなされていない場合は、消防法第5条の2第1項第1号の規定による「使

用停止命令」への移行が可能かどうか、また、命令違反に関しての可罰的違法性などを検討する必要もあると思われます。

・　いずれの場合も、早い段階から、告発を受ける管轄警察署や地方検察庁に事前相談などを行っておいたほうがよいでしょう。

階段は避難のための
重要な施設です
適正に管理されているか
確認をさせて
いただきます

9　警告と命令の相違点

警告は、法令違反に対して、自発的意思による是正を促す意思表示のことをいいますが、命令は、法令違反に対して、義務を課す意思表示ということになります。

法令違反

警告……自発的意思による是正を促す意思表示
⇕
命令……義務を課す意思表示

いずれについても、文書による意思表示が原則となりますが、ここでは、命令について、警告との相違点などを述べたいと思います。

⑴　不利益処分の事前手続を行わなければならない

命令は、消防法第4条に基づく資料提出命令など一部を除いて、行政手続法に規定してある不利益処分になります。前にも述べましたが、そうなれば、行政手続法第13条第1項第2号に基づき、原則として、弁明の機会の付与を行わなければならないことになります。

⑵　理由を提示しなければならない

命令を行う場合は、行政手続法第14条に基づき、名宛人に対して、当該命令の理由を提示しなければなりません。違反処理標準マニュアル等の例示をご覧いただければ分かると思いますが、警告書には理由の記載はありませんが、命令には理由欄が存在します。

理由の提示は、法定事項ですから、欠くことができない条件であると考えてください。

⑶　教示をしなければならない

教示は、公正で透明な行政運営の確保を目的として、また、行政処分に対して、国民が不服申立ての制度を十分に活用できるように、行政不服審査法及び行政事件訴訟法に基づき行います。

⑷　公示の義務付けがある

警告では、公示の必要はありませんが、命令には公示の義務付けがあります。

内容については、前述のとおりですが、命令対象物に標識を設置するという作業は、関係者の気分を害するおそれが高いことから、心理的に処分庁側も設置するのに抵抗感があると考えられます。

しかしながら、利用者に対してその建物に法令違反があり、危険な状態であること（命令を発している旨）を周知するということは重要であり、法定事項でもあるので、必ず行います。

「標識を貼りたくないから、命令をしない」などの考え方は、もってのほかだと思われます。

10　教示について

違反処理の実務でいう教示は、行政機関が命令等の不利益処分を行う場合に、客体である被命令者に対して必ず行わなければならないものです。
具体的には、行政不服審査法と行政事件訴訟法に次のように規定されています。

行政不服審査法第82条

1　行政庁は、審査請求若しくは再調査の請求又は他の法令に基づく不服申立て（以下この条において「不服申立て」と総称する。）をすることができる処分をする場合には、処分の相手方に対し、当該処分につき不服申立てをすることができる旨並びに不服申立てをすべき行政庁及び不服申立てをすることができる期間を書面で教示しなければならない。ただし、当該処分を口頭でする場合は、この限りでない。

2　行政庁は、利害関係人から、当該処分が不服申立てをすることができる処分であるかどうか並びに当該処分が不服申立てをすることができるものである場合における不服申立てをすべき行政庁及び不服申立てをすることができる期間につき教示を求められたときは、当該事項を教示しなければならない。

3　前項の場合において、教示を求めた者が書面による教示を求めたときは、当該教示は、書面でしなければならない。

行政事件訴訟法第46条第1項

行政庁は、取消訴訟を提起することができる処分又は裁決をする場合には、当該処分又は裁決の相手方に対し、次に掲げる事項を書面で教示しなければならない。ただし、当該処分を口頭でする場合は、この限りでない。

一　当該処分又は裁決に係る取消訴訟の被告となるべき者

二　当該処分又は裁決に係る取消訴訟の出訴

期間
三　法律に当該処分についての審査請求に対する裁決を経た後でなければ処分の取消しの訴えを提起することができない旨の定めがあるときは、その旨

教示は、「この処分に不服がある場合は、この処分があったことを知った日の翌日から起算して3か月以内に、○○に対して審査請求をすることができます。」のように記載します。

11　不服申立てについて

国や地方公共団体による処分に対して不服があるときに、不服申立てをすることができるのが「行政不服審査制度」です。行政訴訟の方法もありますが、行政不服申立ては手続が簡易で費用もかかりません。

原則として、処分を受けた人などは、処分があったことを知った日の翌日から起算して3か月以内に、処分庁の最上級行政庁を申立先とした審査請求を行うことができます。処分庁が消防長、消防署長、消防吏員のいずれかでも、審査請求の申立先すなわち審査庁は市町村長となります。

不服申立てや行政訴訟は行政庁が行う処分に対して行うので、立入検査結果の通知や警告などの行政指導は不服申立ての対象にはなりません。

なお、平成28年4月に施行された行政不服審査法によって、従来の行政不服審査制度は大幅に改正されました。それまでは、処分庁に対する異議申立てと処分庁の直近上級行政庁に対する審査請

求の2本立てとなっていましたが、最上級行政庁に対する審査請求に一元化されました。また、審査請求期間は60日以内から3か月以内に延長されました。さらには、諮問機関が設けられ審査庁の裁決がチェックされることになりました。

審査請求の手続の流れ

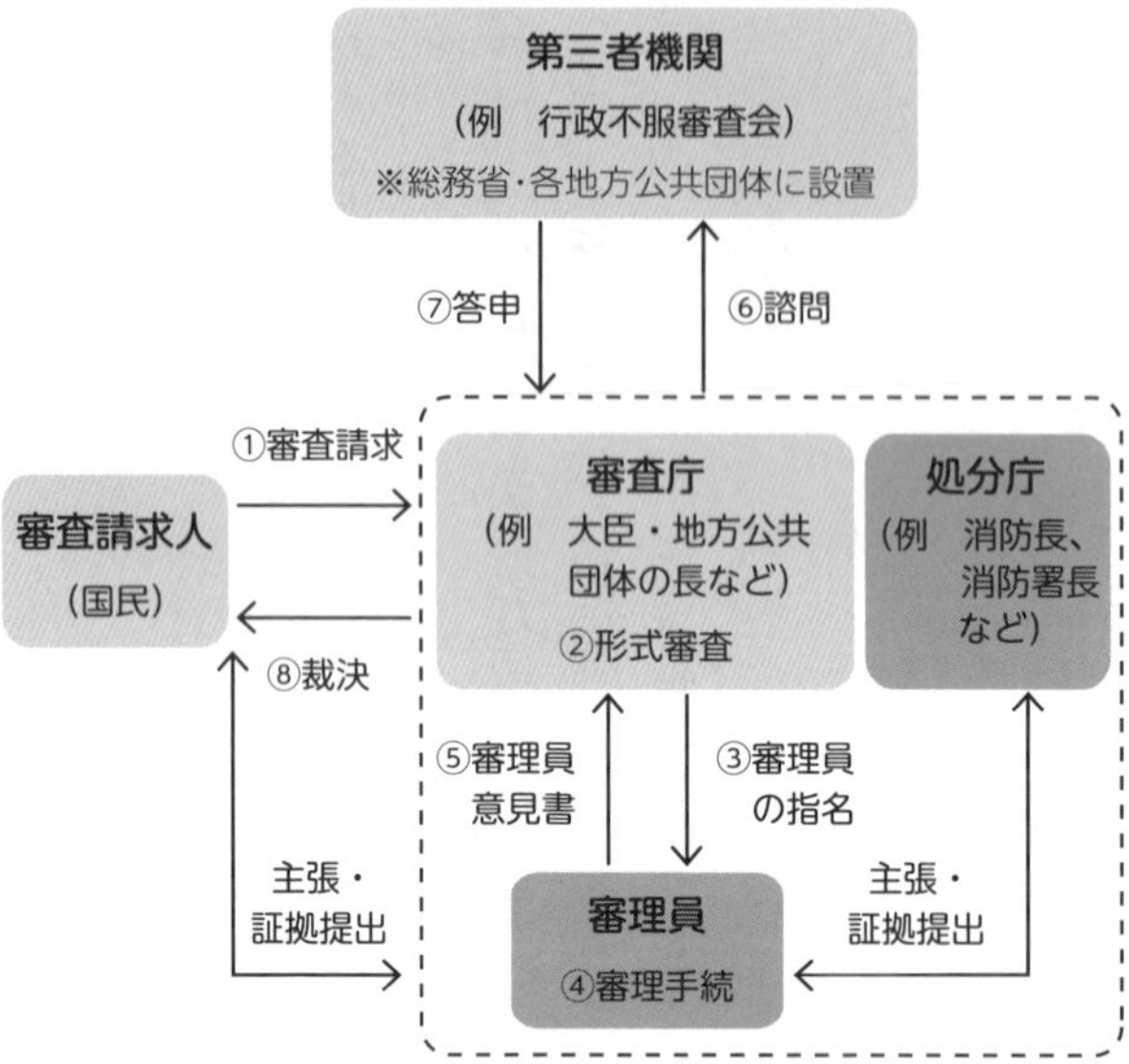
第三者機関
（例　行政不服審査会）
※総務省・各地方公共団体に設置
⑦答申
⑥諮問
①審査請求
審査請求人
（国民）
⑧裁決
審査庁
（例　大臣・地方公共団体の長など）
②形式審査
処分庁
（例　消防長、消防署長など）
⑤審理員意見書
③審理員の指名
主張・証拠提出
審理員
④審理手続
主張・証拠提出

12　まとめ

予防査察でも同じことがいえると思いますが、いかに査察員の知識が豊富であっても、現地へ出向いて消防法令違反を発見した場合に、改善するよう指示しなければ意味がないわけであって、違反処理実務についても、知識があっても実行できなければ、結果的に社会生活の安全確保にはつながりません。

違反処理を実行しなければならない対象物が存在している状況があるならば、消防法令で認められた権限を適切に行使して、火災による危険を除去する必要があります。

なるほど～

第3章　消防法第５条の３にチャレンジ

1　はじめに

消防法第5条の3については、皆さんもご存じのとおり、平成14年の消防法改正により新たに設けられた、消防職員の物件等の除去命令規定です。

この規定条文は、新宿区歌舞伎町の雑居ビル火災において、階段内に多量の物件が放置され、避難行動の重大な障害となり、かつ、防火区画の形成に支障があったことを主要因として、44名もの尊い人命を失ったという教訓から設けられました。

最大の特徴として、消防吏員がその場で発出できるという点が挙げられ、ある意味では、強大な権限を与えられているということになります。また、権限の付与がなされているということは、反面では、不作為に対する責任を問われる場合があるということでもあります。

ここでは、消防法第5条の3に基づく物件等の除去命令について、考察してみたいと思います。

2　条文の考察

この条文の特徴としては、特に第1項では、命令の要件が複雑であるとともに、受命者たる名宛人が、その状況等により複数存在すること、さらには、措置内容が他条文（第3条第1項各号）からきていることなどが挙げられ、とても難解な構成になっているといえます。

条文の内容は次のとおりですが、以降にポイントを絞って考察してみたいと思います。

消防法第5条の3第1項

A消防長、消防署長その他の消防吏員は、防火対象物においてB火災の予防に危険であると認める行為者又はC火災の予防に危険であると認める物件若しくは消火、避難その他の消防の活動に支障になると認める物件の所有者、管理者若しくは占有者で権原を有する者（特に緊急の必要があると認める場合においては、当該D物件の所有者、管理者若しく

> は占有者又は当該防火対象物の関係者。次項において同じ。）に対して、第3条第1項各号に掲げる必要なE処置をとるべきことを命ずることができる。

(1) 命令者

命令者（命令を発出できる者）については条文のとおり、A消防長、消防署長その他の消防吏員となります。

したがって、通常の場合、消防吏員が予防査察実施時に、命令要件に該当する事象を発見した場合には、その状態のまま公署に戻り、消防長や消防署長の判断を待つことなく、その場で命令を行うことができるということになります。

ただし、消防長、消防署長にもその権限は付与されているわけですから、命令要件に該当する事象を発見したが、公署に戻って「やっぱり命令しよう」と意思決定する場合（好ましいこととは思いませんが）は、処分であるという重要性を考慮して、より上席の消防署長等の判断に委ねたほうがよいケースもあると思われます。

(2) 名宛人は誰か

消防法第5条の3の場合は、その状況等によって、名宛人となり得る者が異なるという特徴があります。そのことについて、項目ごとにやや詳しく考えてみたいと思います。

① B火災の予防に危険であると認める行為者

火災の予防に危険であると認める行為者ですから、例えば、ビル内において、火遊びなど、火災の予防に危険であると認める行為を現に行っている者に対して行うことができます。

この場合、当該ビルを所有するとか占有するとかという因果関係は必要ではなく、非身分犯的（誰しも、誰でも）ということになります。

② C火災の予防に危険であると認める物件

若しくは消火、避難その他の消防の活動に支障になると認める物件の所有者、管理者若しくは占有者で権原を有する者

火災の予防に危険である又は消火、避難その他の消防の活動に支障になる（以下、「火災又は避難等危険」という）と認められる物件の所有者、管理者若しくは占有者（以下、「関係者」という）で権原を有する者に対して行うことができます。

ここでの注意事項として、「物件の」と「関係者で」という二つのキーワードがありますから、端的にいうと、火災又は避難等の危険があると認められる物の存在があり、かつ、その物の存在を知る誰にでも行うことができるということではなく、「権原を有する者」にしかできないということになります。

③ D 物件の所有者、管理者若しくは占有者又は当該防火対象物の関係者

「特に緊急の必要があると認める場合」という条件がありますが、この場合は権原を有していない物件の関係者又は当該防火対象物の関係者が名宛人となり得ます。

物件の「権原を有する者」と「権原を有していない者」の違いが分かりにくいかもしれませんが、例えば、レンタル自転車屋が所有している自転車をAさんが借りた場合、所有者はレンタル自転車屋ですが、実質的に占有（占有とは、自分が利益を受ける意思で物を現実的に支配している事実）しているのはAさんであり、レンタル自転車屋が権原を有していないとまではいえませんが、Aさんが借りている間は、当該自転車の管理について権原を有しているのはAさんということになります。したがって、Aさんがビルの避難施設に当該自転車を放置していた場合で、それが火災又は避難等危険があると判断された場合の物件除去命令の名宛人は、一義的にはAさんということになります。

また、特に緊急の必要がある場合については、当該防火対象物の関係者についても、名宛人となり得ることから、そのビルの所有者や同ビルに入居するテナントの代表者なども名宛人とすることが可能であるということになります。

例えば、ビル内の階段に多量の物件を放置している悪質なテナントがある場合において、当該ビルの安全性の確保の観点から、特に緊急の必要がある場合は、そのテナントに対してだけではなく、物件の所有等と全く無関係の他のテナントに対しても、命令を発出することができるということになります。

このように、受命適格を有すると思われる者は多く存在しますが、第1順位といえる物件の関係者で権原を有する者を現に確知し、命令を発出できる状況にあるにもかかわらず、いきなりビルのオーナーなどに発出するということは、好ましくはないでしょう。

(3)　何を命じることができるのか

消防法第5条の3の[E]命令については、物件の除去を命じることが一般的で、現にこれまでの実績でも、圧倒的に「物件除去命令」が多いといえます。

しかしながら、この命令は、物件の除去以外にも命じることができる内容が含まれており、これらについても考えてみたいと思います。

命じられる措置については、消防法第3条第1項各号に示す事項であり、そのことを防火対象物に置き換えて考える必要があります。

消防法第3条第1項各号

一　火遊び、喫煙、たき火、火を使用する設備若しくは器具（物件に限る。）又はその使用に際し火災の発生のおそれのある設備若しくは器具（物件に限る。）の使用その他これらに類する行為の禁止、停止若しく

は制限又はこれらの行為を行う場合の消火準備
二　残火、取灰又は火粉の始末
三　危険物又は放置され、若しくはみだりに存置された燃焼のおそれのある物件の除去その他の処理
四　放置され、又はみだりに存置された物件（前号の物件を除く。）の整理又は除去

ここでは、各号ごとに考察してみます。

①　第1号該当

この条文では、命じることができる事象や措置内容は広範にあり、いろいろなことが想定できると思います。

- 可燃性ガスが滞留する場所で、ガスコンロ等を使用しているもの（ガスコンロの使用停止）
- 塗装作業中に喫煙をしているもの（火気使用行為の停止）

②　第2号該当

防火対象物内においては、この条文に該当する事象は少ないと思われます。

- 炭火焼を行う飲食店で、赤熱部が露出した炭を可燃物の直近に放置しているもの（残火・火粉の始末）

③　第3号該当

第3号と第4号の違いが分かりにくいかもしれませんが、端的にいうと、第3号は危険物等で、当該物件の燃焼による危険性が高いものであり、第4号は、それ以外のものと考えてよいでしょう。ちなみに、危険物等といっても、ガソリンや灯油などの消防法施行令別表で示すものだけではなく、ビールケースなど、発火すれば一気に燃焼すると思われるものについても、これに該当するとされています。

- 階段室や廊下等を倉庫代わりに使用し、危険物品や大量の可燃物が放置され若しくはみだりに存置されているもの（危険物等の除去）

④　第４号該当

第３号では、「物件の除去その他の処理」を命じられ、第４号では「物件の整理又は除去」を命じられるようになっていますが、実質的な違いは特にないと思われます。

ただし、マニュアル等では、第４号の発出要件として、人が１人でさえ通行できない状態を例示しており、安直に荷物がある程度では命令要件に該当しない場合もあるということになります。

・　物件が放置され又はみだりに存置されていることにより、１人でさえ通行できないもの（物件の除去）

このように、消防職員の命令については、単に避難施設の物件の除去のみに限定したものではなく、多岐にわたる権限が付与されています。

３　略式の代執行

ここでは、略式の代執行と行政代執行の相違点などについて考察したいと思います。

行政代執行法の条文の抜粋は、次のとおりです。

行政代執行法第2条（一部省略）

法律により直接に命じられ、又は法律に基き行政庁により命ぜられた行為について、義務者がこれを履行しない場合、他の手段によつてその履行を確保することが困難であり、且つその不履行を放置することが著しく公益に反すると認められるときは、当該行政庁は、自ら義務者のなすべき行為をなし、又は第三者をしてこれをなさしめ、その費用を義務者から徴収することができる。

消防法第5条の3

① 消防長、消防署長その他の消防吏員は、防火対象物において火災の予防に危険であると認める行為者又は火災の予防に危険であると認める物件若しくは消火、避難その他の消防の活動に支障になると認める物件の所有者、管理者若しくは占有者で権原を有する者（特に緊急の必要があると認める場合においては、当該物件の所有者、管理者若しくは占有者又は当該防火対象物の関係者。次項において同じ。）に対して、第

行政代執行を平易にいうと、行政庁の処分（命令）があり、義務者が履行しない（命令に従わない）場合に、義務者になすべきことを行政庁等が自ら行い、それに要した費用を義務者から徴収するということになります。

消防法第5条の3第5項では、第3条第4項の準用規定として、行政代執行が可能な旨を規定しています。

ここで、注意しなければならないのは、行政代執行と消防法第5条の3第2項に規定する、略式の代執行の違いをしっかり理解しておく必要があるということになるでしょう。

行政代執行については、前述のとおり、命令違反が前提にあり、義務者が履行しない場合に行政庁等が代わってその義務を履行するということです。

一方で、略式の代執行は、「権原を有するものを確知できず、命ずることができない」という要件があり、この点では、同じ代執行という表現が用いられていても、大きな違いがあるということになります。

それでは次に、略式の代執行に係る問題点等に

3条第1項各号に掲げる必要な処置をとるべきことを命ずることができる。

② 消防長又は消防署長は、火災の予防に危険であると認める物件又は消火、避難その他の消防の活動に支障になると認める物件の所有者、管理者又は占有者で権原を有するものを確知することができないため、これらの者に対し、前項の規定による必要な措置をとるべきことを命ずることができないときは、それらの者の負担において、当該消防職員に、当該物件について第3条第1項第3号又は第4号に掲げる措置をとらせることができる。この場合においては、相当の期限を定めて、その措置を行うべき旨及びその期限までにその措置を行わないときは、当該消防職員がその措置を行うべき旨をあらかじめ公告しなければならない。ただし、緊急の必要があると認めるときはこの限りでない。

③ 消防長又は消防署長は、前項の規定による措置をとつた場合において、物件を除去させたときは、当該物件を保管しなければ

ついて、考察してみたいと思います。

⑴ 消防法第5条の3第1項と第2項の関係

これまで述べたとおり、第1項では命令、第2項では略式の代執行のことが規定されていますが、実務のうえで、名宛人や講じる措置の優先順位を考えておかなければなりません。

物件の関係者で管理について権原を有するものが、はっきり分かっており、命じることができるならば問題はありませんが、確知できない場合は、他の受命適格者に命令を発出するか、略式の代執行を行うかの選択をしなければならないことが想定できます。

命令については、第1項で、物件の関係者で管理について権原を有するものが、名宛人として第1順位に相当し、特に緊急の必要がある場合に、物件の関係者や当該防火対象物の関係者に対して発出することとなっています。

また、略式の代執行は、「特に緊急の必要がある場合」という条件は存在しないため、物件の関係者で管理について権原を有するもの

ならない。
④　〔略〕
⑤　第3条第4項の規定は第1項の規定により必要な措置を命じた場合について、第5条第3項及び第4項の規定は第1項の規定による命令について、それぞれ準用する。

消防法第3条第4項

消防長又は消防署長は、第1項の規定により必要な措置を命じた場合において、その措置を命ぜられた者がその措置を履行しないとき、履行しても十分でないとき、又はその措置の履行について期限が付されている場合にあつては履行しても当該期限までに完了する見込みがないときは、行政代執行法（昭和23年法律第43号）の定めるところに従い、当該消防職員又は第三者にその措置をとらせることができる。

が確知できない場合は、第2順位として、略式の代執行を選択するということが考えられます。

しかしながら、この場合の注意点は、命令自体は消防吏員が自らの権限で行うことができますが、略式の代執行は、その権限を消防吏員には与えていないということです。

(2)　「緊急の必要がある」について

前述のとおり、消防法第5条の3第1項では、「特に緊急の必要がある場合」は、物件の関係者で管理について権原を有するもの以外の受命適格を有するものに、消防吏員自らが命令を発出することができますが、第2項の略式の代執行の場合、当該消防吏員が受命者に代わってその措置を講じる場合は、相当の期限を定めて、その措置を行うべき旨及びその期限までにその措置を行わないときは、「緊急の必要があると認めるとき」を除き、当該消防吏員がその措置を行うべき旨をあらかじめ公告しなければならないとされています。

このことを整理してみると、略式の代執行を実施する際、消防長、消防署長は、緊急の必要がない場合は、事前手続として公告を行うことが求められ、緊急の必要がある場合は、その作業を省略して略式の代執行を実施することができるということになります。

(3) 実務上の留意事項

命令規定である第5条の3第1項の「特に緊急の必要があると認める場合」と略式の代執行の規定である第2項の「緊急の必要があると認める場合」を、どのように考えればよいのでしょうか。

消防吏員が、予防査察の現場などで消防法第5条の3の命令発出事案に遭遇した場合の措置について、考えてみましょう。

① 名宛人の第1順位といえる、物件の関係者で管理について権原を有するものが確知できる場合は、その者に命令を発出する。

② 物件の関係者で管理について権原を有するものが確知できない場合で、緊急の必要が認められないときは、消防長、消防署長の判断により、公告という事前手続を経て、略式の代執行を行う。

③ 物件の関係者で管理について権原を有するものが確知できない場合で、当該消防職員が、特に緊急の必要があると認める場合は、当該物件の所有者、管理者若しくは占有者又は当該防火対象物の関係者に対して、命令を発出する。

④ 物件の関係者で管理について権原を有するものが確知できない場合で、消防長、消防署長による公告の暇がないほどの緊急の必要があると認める場合は、事前手続なしで速やかに略式の代執行を行う。

このような整理ができると思いますが、消防吏員には略式の代執行の権限は与えられていないことから、現地において、自らの判断により「緊急性があるから、略式の代執行を行う」ということは認められません。

ここまで、長々と略式の代執行について述べてきましたが、実務上において、消防法第5条の3の物件等の除去命令を行う状況にある場合、「特に」という点は解釈が分かれるかもしれません。しかし、緊急性という点では、消防吏員が現場で即断しなければならないような状況があることなどから、緊急性は少なからず存在しているはずであり、物件の関係者で管理について権原を有するものが確知できないからといって、所有者などに命令を発出することなく、その状況を放置して、消防署へ戻って略式の代執行の判断を消防長、消防署長に委ねるというのは、不自然のような気がします。

ただし、与えられた権限を適正に行使するのは当然のことであり、危険な状態が存するのに、消防が除去、保管する手続が煩雑だからという理由から、何も行使しないというのは許されることではありません。例えば、階段内の荷物のすべてを除去、保管することに固執するのではなく、当該荷物を移動、整理して、人が通れる状態にするということも検討する必要があるでしょう。

「後で確認する」という君の指導はとても良かったよ
事前勉強の時に消防法第5条の3の教材を見ていたので参考になりました

４　行政代執行

物件等の除去命令にかかる行政代執行の根拠規定は、消防法第5条の3第5項（第3条第4項の準用）になります。行政代執行については、他の行政機関においても、現に実行している場合がありますが、ここでは消防法第5条の3に基づくものについて考察してみたいと思います。

消防法第3条第4項

消防長又は消防署長は、第1項の規定により必要な措置を命じた場合において、その措置を命ぜられた者がその措置を履行しないとき、履行しても十分でないとき、又はその措置の履行について期限が付されている場合にあつては履行しても当該期限までに完了する見込みがないときは、行政代執行法（昭和23年法律第43号）の定めるところに従い、当該消防職員又は第三者にその措置をとらせることができる。

⑴　行政代執行の要件

略式の代執行については、命令を行うべき名宛人が確知できない場合、名宛人に代わってその義務を実行して、その費用を名宛人から徴収するということになりますが、行政代執行は、消防法第3条第4項の規定に示すとおり命令が前置きされており、名宛人がその措置を履行しないとき又は履行しても十分でないときなどに、名宛人に代わってその義務を実行して、その費用を名宛人から徴収するということになります。

また、行政代執行を行うことができるのは、代替的作為義務（他人が代わって行うことができるもの）に限定されており、例えば、使用停止など、不作為義務に対しては認められていません。

⑵　行政代執行の目的

避難上、重大な支障がある事案を消防吏員が発見し、名宛人を特定したうえで消防法第5条の3に基づく命令を発出したが、その命令に従わない場合、基本的には告発を選択するということになると思いますが、告発したからといって、危険な状態がなくなるということではなく、公益上その状態を放置することができないため、強制力を持った実行により、安全性を確保しようというのが目的であるといえます。

(3) 権限を与えられている者

行政代執行法では、行政庁により命じられた行為について、義務者が履行しない場合に、当該行政庁に行政代執行の権限を付与しています。

したがって、消防法第5条の3の命令では、消防吏員も行政庁ということになりますから、行政代執行法上では、形式上、消防吏員に代執行の権限を与えていると読めなくもないのですが、現実的には、特別法の位置付けとなる消防法では、消防吏員には当該権限を与えていないことから、消防長、消防署長のみが代執行の権限を有していることになります。

(4) 実務上の留意事項

行政代執行を実施するためには、前述のとおり、命令違反が前提となりますが、意思決定がなされたならば、「戒告」という行政代執行の予告通知的な作業を経て、代執行令書の交付、代執行の実行、代執行対象物件の保管、代執行に要した費用（移動、保管等に係る）の徴収などの作業が必要になります。

消防法第5条の3命令に係る行政代執行が、どれほど現実性があるか疑問も生じるところですが、一つの選択肢として、今後、各消防本部で検討、研究が必要になると思われます。

５　物件等の除去命令の発出

物件等の除去命令を現に発出する場合の留意点などについて考えてみたいと思います。

(1)　事案を発見した際について

物件等の除去命令は、消防吏員に権限が付与されているわけですから、命令発出の可否の判断は、当該消防吏員が行わなければなりません。

命令は、その要件に該当するならば、躊躇することなく発出しても問題はないかもしれませんが、関係者が悪気なく（？）つい置いてしまっていたというようなこともあるので、一義的には、期限を付けた口頭による指導（警告）を行い、それでも従わない場合に命令を発出する、というのが一般的です。ただし、前回の立入検査時に同様の指示を行っていたなど、関係者が違法性の認識を十分に持ち合わせていると考えられる場合などは、命令を即断してもよいと思われます。

また、口頭警告を行う際には、その警告に従うか従わないかについては、関係者とのやりとりのなかである程度予想できますから、従う見込みがない場合は、あらかじめ消防署に応援を要請することも考えておきましょう。

(2)　命令の意思表示

命令は、口頭でも書面でもその有効性等に変わりはありません。

したがって緊急性がある場合は、口頭で発出することも考えておかなければなりません。ただし、「言った」「言われなかった」などの事後トラブルを防止するためには、やはり命令書を作成、交付することにより、有効性を担保しておいたほうがよいでしょう。

(3)　名宛人

名宛人の詳細については前述のとおりですが、実務上、命令の名宛人は明らかであっても、その場に居合わせない場合が多いようです。

ただし、この状況が、条文内にある「確知できない」ということにはなりません。「確知できない」とは、名宛人たる本人が現場に居合わせず、かつ、氏名、住所等、その者を特定する情報がなく分からないことです。したがって、このような状況では、「略式の代執行を行うことはできない」ということになります。

例えば、あるテナントに命令を発出すると想定して、名宛人となる法人の代表者は別に存在し、現地には店長しかいない場合などでは、店長自身が、自己の責任でその物件の除去、整理ができると供述した場合は、店長に命令を発出することも可能であると思われます。しかし原則として、法人の代表者が名宛人選択の最優先であると言えるので、まずは代表者に対して、電話などにより命令発出の意思表示を行い、代表者名で命令書を作成し、店長から受領書を受け取るというのが最良と言えるでしょう。

6　実況見分

命令の意思決定がなされたならば、実況見分（違反調査）を行う必要があります。

実況見分は、写真撮影と図面作成により行いますが、カメラや図面作成に要する器具を保有していない場合は、応援を要請するなどして対応することになります。

デジタルカメラの使用については、マニュアル等で「証拠として採用されない場合がある」とされていることもありますが、有効に活用しましょう。

図面については、図1に示すように、避難障害の全体的状態を見分することを心がけましょう。

図１　図面作成例

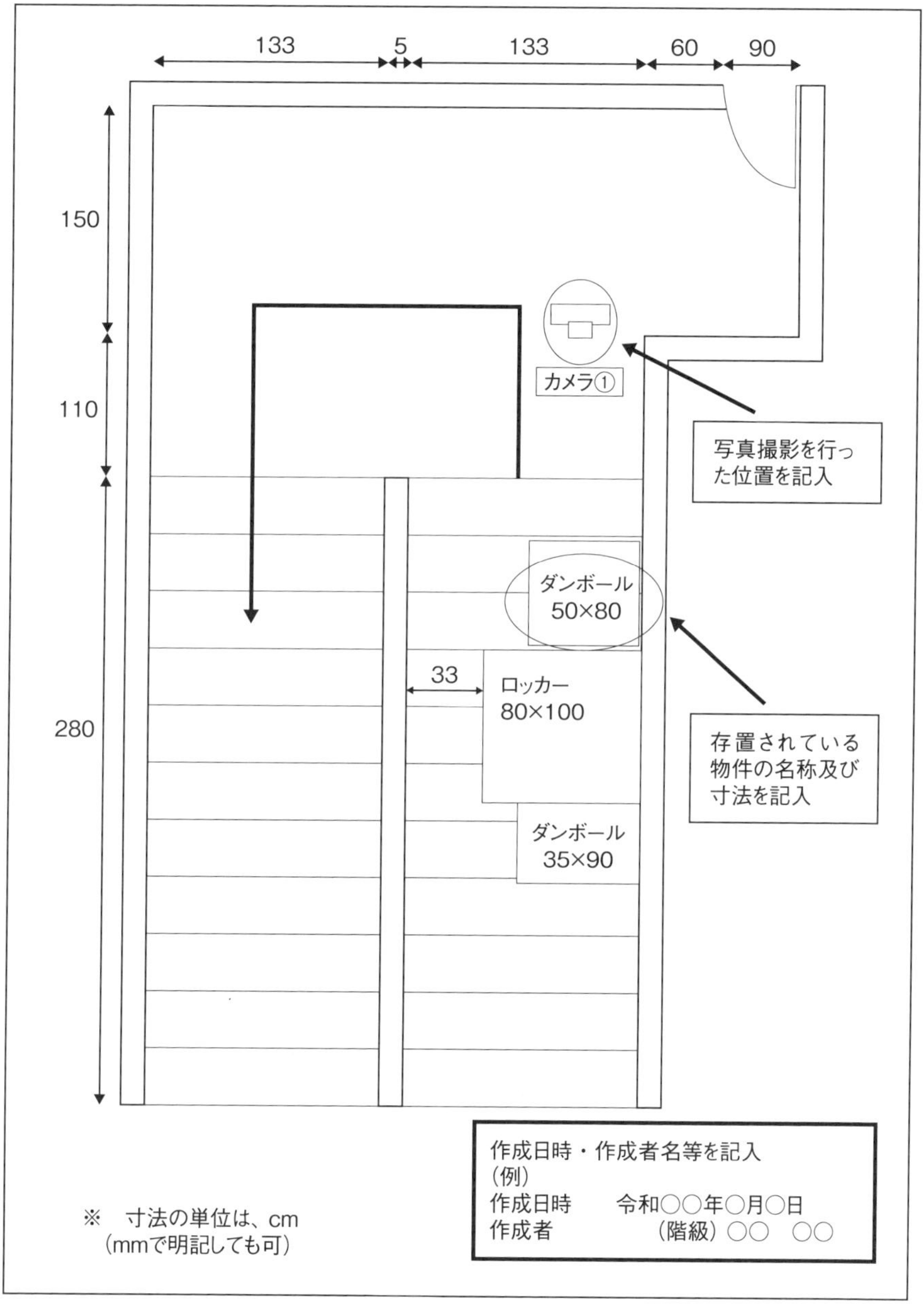
133
5
133
60
90
150
110
280
カメラ①
写真撮影を行った位置を記入
ダンボール
50×80
33
ロッカー
80×100
ダンボール
35×90
存置されている物件の名称及び寸法を記入
作成日時・作成者名等を記入
（例）
作成日時　令和○○年○月○日
作成者　（階級）○○　○○
※　寸法の単位は、cm
（mmで明記しても可）

7　命令書の作成要領

命令は、要式行為でないため、前述のとおり、口頭で行っても有効ではありますが、緊急の場合を除き、命令書を作成することが必要と思われます。

ここでは、図2のような状況を例に挙げ、命令書の作成要領について、詳しく述べてみたいと思います。

命令書の様式については、各消防本部で独自のものを作成している場合もあるかもしれませんが、マニュアル等では、図3のようになっています。

図2　階段内に段ボール及びチラシ入り紙袋の可燃性物品が存置され、火災予防上の危険性があるもの

図３　命令書の様式例

①
○ ○ ○ 第　○ ○ 号
令和○○年○○月○○日

②
○○県○○市○○町○丁目○番○号
株式会社○○○○
代表取締役　○　○　○　○　様

○○市消防本部
○○消防署長　○　○　○　○　印

命　令　書

③
所　在　○○県○○市○○町○丁目○番○号
名　称　○○○ビル
用　途　○○○

④
上記防火対象物は、火災の予防に危険であること並びに消火、避難その他の消防活動に支障となることが認められるので、消防法第５条の３第１項の規定により下記のとおり命令する。
なお、本命令に従わない場合は、消防法の規定により処罰されることがある。

記

⑤
１　命令事項
○階階段の踊り場に存置されている段ボール 16 個及びチラシ入り紙袋２袋を、令和○年○月○日○時○分までに除去すること。

⑥
２　命令の理由
○階の階段踊り場に段ボール 16 箱及びチラシ入り紙袋２袋が存置され、火災の予防に危険であり、消火、避難その他の消防の活動に支障になると認められるため。

⑦
教　示
１　この処分について不服がある場合は、この処分を受けた日の翌日から起算して 30 日以内に、　　市長に対して審査請求をすることができます。
２　この処分については、上記１の審査請求のほか、この処分を受けた日の翌日から起算して 30 日以内に、　　市を被告として（訴訟において　　市を代表する者は　　市長となります。）、処分の取消しの訴えを提起することができます。なお、上記１の審査請求をした場合には、処分の取消しの訴えは、その審査請求に対する裁決を受けた日の翌日から起算して 30 日以内に提起することができます。
３　ただし、上記の期間が経過する前に、この処分（審査請求をした場合には、その審査請求に対する裁決）があった日の翌日から起算して１年を経過した場合は、審査請求をすることや処分の取消しの訴えを提起することができなくなります。なお、正当な理由があるときは、上記の期間やこの処分（審査請求をした場合には、その審査請求に対する裁決）があった日の翌日から起算して１年を経過した後であっても審査請求をすることや処分の取消しの訴えを提起することが認められる場合があります。

①　番号・日付

文書番号については、省略する消防本部もあるようですが、文書番号の取得については、それぞれの消防本部のルールもあるので、一度確認しておいたほうがよいでしょう。

日付については、言うまでもなく、当該命令の発出日を記載します。

②　名宛人

名宛人欄には、まず住所を記載します。この場合、個人の場合は当該名宛人個人の住所、法人の場合は本社（本店）所在地を記載します。

なお、物件等の除去命令を除く違反処理を実行する場合、商業登記や不動産登記に係る事項証明によって確認します。この命令の場合は現場性が高く、確認する時間がないことなどから、その作業を省略するのが一般的ではありますが、名宛人に対して、営業許可証や免許証などの提示を求め、必ず確認するようにしましょう。

③　所在・名称・用途

記載どおりですが、当該防火対象物の住所、名称、用途を記載します。

ビルの一部のテナントに発出した場合などについては、名称欄の冒頭部分にビル名称を記載し、括弧書きでテナント名称を記載するなどして対応します。

また、用途についても、冒頭部分にビル全体の用途を記載し、括弧書きでテナントの用途を記載するなどして対応します。

④　命令要件・命令根拠等

「上記対象物～」以降については、命令の要件及び根拠等を記載します。

消防法第5条の3の場合は、前提とする義務規定が存在していないので、「消防法第○条違反と認める」という表現ではなく、違反内容によって、本条文内にある「火災の予防に危険であると認める」「消火、避難その他の消防の活動に支障になると認める」

という文言を記載します。

命令根拠は、物件等の除去命令ですから、「消防法第5条の3第1項の規定により」という表現になります。

また、罰則については、「消防法の規定により」又は「消防法第41条第1項第1号の規定により」という表現になります。

ただし、この場合、両罰規定の適用の有無に留意する必要があります。

⑤ 命令事項

物件等の除去命令は、作為義務になりますから、履行期限を明示することになります。

履行期限は、命令を発出する処分庁（消防職員が発出するならば、当該消防職員）が、命令を履行するために必要な期間を客観的に判断して設定します。受命者の都合（今は多忙だから、明日にしてくれ等々）を安直に受け入れないようにしましょう。

また、この命令の主旨から、少なからず緊急性があるため、履行期限を「早急に」や「速やかに」など曖昧な表現にすると、相手方から抗弁を受けかねないので、できるだけ、「○月○日○時までに」など、具体的な日時を明確に示す必要があります。

また、命じる内容についても、「放置している物件を」という表現よりも、「段ボール3箱、ビールケース5個及びいす4脚を」というように、具体的に記載するように心がけます。

⑥ 命令の理由

物件等の除去命令は、不利益処分となりますから、行政手続法に基づき必ず理由を明示しなければなりません。

一般的には、「○○階段に放置している物件（段ボール3箱、ビールケース5個及びいす4脚）が、火災の予防に危険であると認められること」などの表現になります。

⑦ 教　示

教示についても、行政不服審査法及び行

政事件訴訟法に基づき、必ず記載しなければなりません。教示文については、各自治体によって、その記載方法が若干異なる場合があるので、一度確認しておいたほうがよいでしょう。

指導事項を
全部メモしていたから
報告関係は
うまくいきそう

8　受領書

物件等除去命令の場合、命令書を現地で手交することが多いと考えられますが、その際は、後のトラブルを避けるためにも、受領書を求めるようにします。

受領書の様式については、各消防本部の違反処理規程などで定めているとは思いますが、余白に受命者が受領した日時の記入を求めるなどの工夫をしている消防本部もあります。

9　公示について

消防法第5条の3命令については、公示義務がある命令になります。

公示の詳細については省略しますが、標識については、命令発出後、速やかに作成し、防火対象物の主要な出入口付近に掲出することになります。

予防査察時などでは、命令書は常備していても、標識を常に持ち歩いているということはまれでしょうから、命令発出後、消防署に戻って作成して掲出するというのが一般的でしょう。

10　履行の確認とその後の措置

物件等の除去命令については、緊急性があるという点において、厳格に履行期限を設定しているのですから、履行期限が経過する時期には、必ず履行状況の確認をしなければなりません。

履行が確認された場合は、処分庁である消防職員が直接確認したわけですから、命令の解除の必要はありません。

また、履行しない場合は、命令違反になるので、その後の措置についても検討しなければなりません。措置の選択については、一般的に次のようなことが挙げられます。

①　命令違反として告発する。

②　消防法第5条の2第1項第1号に基づく措置命令（使用禁止・停止・制限命令）を発出する。

③　消防法第5条の3第5項に基づき、行政代執行法の定めるところに従い、消防職員又は第三者にその措置をとらせる。

11　まとめ

　消防法第5条の3に基づく物件等の除去命令については、比較的容易に発出できるような印象がありますが、これまで述べてきたように、名宛人や措置の選択なども複雑であり、十分に事前勉強をしておく必要があります。

　現場では、「今、忙しいから明日出直してくれ」「隙間があるから人は通れるじゃないか」「そんなにさせたいなら、消防が勝手に動かせ」など、我々査察員からすると信じられないような主張をしてくるときもあり、そのような状況下でも、冷静に関係者に対応し、かつ、命令書の作成などの作業を実施しなければなりません。

　この点においては、「他の違反処理案件と比較しても、容易にできる」と決め付けることはできませんし、現場で即断しなければならない点からすると、相応のスキルが必要になると考えられます。

　また、消防職員が避難障害を発見した場合に、それに対して、見て見ぬふりをして、仮に放置した場合は、災害時の責任追及が当該消防職員に及ぶことを覚悟しておかなければならず、「自分の権限では指導できませんでした」などの言い訳は、当然ながら通用するものではありません。

　知識だけが豊富にあっても、実際に行動できなければ意味がないわけですから、常日ごろから、物件等の除去命令を発出することを想定して、トレーニングしておく必要があるでしょう。

いえ、もうしばらくお時間をいただきたいと思います
本日の立入検査の結果と改善に向けてのお話をさせてください
あれこれ現地で言っていただろう分かったからもういいよ
F-CITY

おわりに

違反是正業務は、火災予防業務を推進するうえで、本来は軸となるべき業務ではありません。なぜなら、違反処理等を実行するまでもなく、社会一般が消防法令を遵守していくことこそが本来の姿だからです。

また、違反処理を担当する職員の苦労は並大抵のものではなく、ときには、違反対象物の関係者から罵声を浴びせられたり、電話すると居留守を使われたり、そして、約束を反故にされることもあります。

しかしながら、消防法令違反の現状を踏まえると、違反是正業務の積極的な推進こそが、何よりも優先して実行しなければならない事項であるといえます。

災害現場活動業務は、生命や財産など災害によって被った人の痛みを軽減することはできますが、「無」とすることはできません。

もちろん、適法な対象物からの発災やそれに伴う被害も想定されますが、違反是正業務は、消防法という安全のルールを社会一般に浸透させ、防火対象物の安全確保のため、消防自らが社会生活に積極的に関与していくものであり、危険と思われる法令違反対象物を、災害前に安全にするという災害予防の観点からは、より高い行政サービスを提供しているということになります。

住民が日頃気付かない危険（違反）を火災が発生する前に安全に（是正）するということは、表立った仕事ではなく目立たないものですが、先見性のある、実にやりがいがある業務であると思います。

我々消防職員は、災害現場では、絶対に力の出し惜しみなどはしません。また、燃えている家屋を見て、「この家が燃えても、自分とは直接関係がない」など、野次馬根性的に冷徹に活動することもしません。

常に全力を尽くし、住民のために、自己の危険も顧みず行動する我々消防職員に対して、住民は尊敬と信頼の目を向けています。

違反是正業務についても、備え持ったスキルを出し惜しみせず、何よりも住民のために、全力を尽くして行動することが、今、予防に、ひいては消防に求められる姿ではないでしょうか。

これから先も、消防法令違反が皆無になることは期待できないでしょう。なぜならば、住民やビルの関係者にとって、消防法令は、よく分からないし難しいものであり、また、違反を指摘しても、そのことの重大性がよく分からないからです。

だからこそ我々消防側から、予防査察を通じた防火対象物の安全指導を引き続き実施していくとともに、ときには違反処理という強硬手段を講じるなどして、違反是正を推進していかなければならないと考えます。

これらの取組みを全国の消防本部が積極的に実行することにより、消防法令規制のステータスが向上し、ひいては、違反処理を実行しなくても、予防査察等の指導により関係者の自発的意思で違反が速やかに是正されるときが来ると思います。

そんなことも確認するのですか?
予防査察は火災予防に関する指導はもちろん
発災したときの対応なども関係者に指導した方がいざという時に役に立つだろうからね

山田係長 大正ビルの社長から改善相談の電話がありました

流れでわかる！査察STORY

平成23年6月1日　初　版　発　行
令和4年11月20日　初版11刷発行

編　著　立入検査研究会
作　画　倉　浪　宏　行
発行者　星　沢　卓　也
発行所　東京法令出版株式会社

112-0002　東京都文京区小石川5丁目17番3号　03(5803)3304
534-0024　大阪市都島区東野田町1丁目17番12号　06(6355)5226
062-0902　札幌市豊平区豊平2条5丁目1番27号　011(822)8811
980-0012　仙台市青葉区錦町1丁目1番10号　022(216)5871
460-0003　名古屋市中区錦1丁目6番34号　052(218)5552
730-0005　広島市中区西白島町11番9号　082(212)0888
810-0011　福岡市中央区高砂2丁目13番22号　092(533)1588
380-8688　長野市南千歳町1005番地
〔営業〕TEL 026(224)5411　FAX 026(224)5419
〔編集〕TEL 026(224)5412　FAX 026(224)5439
https://www.tokyo-horei.co.jp/

ISBN978-4-8090-2324-8